ISBN: 978-3-7583-2171-9

Herstellung und Verlag: BoD – Books on Demand,
Norderstedt

Tom Crepon

Odysseus in Haduloha

Johann Heinrich Voß in Otterndorf

1778 - 1782

16. September
19/94

Otterndorf 1994

Inhaltsverzeichnis

Vorbemerkung

Zum Thema ist viel gesagt und geschrieben worden. Was bleibt noch zu tun?

Es fällt auf, dass Aufsätze, Reden und Würdigungen zum Wirken Johann Heinrich Voß' in Otterndorf zeitlich versetzt - erst *nach* dem Weggang des Rektors aus der Stadt und nach dem Erfolg seiner Odyssee-Übertragung - Licht auf die vier Otterndorfer Jahre werfen. Und dieses Licht wird, besonders anlässlich von Schulfesten und Jubiläen, mit zunehmendem Abstand von der Quelle immer strahlender.

Die ersten zeitgenössischen Memoiren vom Amtsvorgänger Meyer oder vom Bürgermeister Schmeelke dienen dabei gerade noch als Anekdoten-Lieferanten. Spätere Amtsinhaber der Lateinschule nehmen den Otterndorf- Aufenthalt schon unbesehen als eine Zeit voller Harmonie und Eintracht, schmücken ihre Schulgeschichte mit diesem Ruhmesblatt, zu recht einerseits, zu unkritisch andererseits.

Es ist an der Zeit, zu den Quellen zurückzuschauen und den Gegenstand vom - verständlichen - lokalpatriotischen Ballast zu befreien. So ist nicht nur Dankbarkeit gegen meine zeitweiligen Otterndorfer Gastgeber der Grund für den Versuch einer Neubetrachtung, sondern auch Chronisten- und Biografenpflicht.

Juli 1994 Tom Crepon

"Dieser Mann ist in Frankreich gar nicht bekannt, und doch gibt es wenige, denen das deutsche Volk, in Hinsicht seiner geistigen Ausbildung, mehr verdankt als eben ihm.
Er ist vielleicht, nach Lessing, der größte Bürger der deutschen Literatur. Jedenfalls war er ein großer Mann, und er verdient, daß ich nicht allzu kärglichen Wortes ihn bespreche."
Heinrich Heine über Johann Heinrich Voß

1. Der Weg nach Otterndorf

Die *Odyssee,* die dem griechischen Dichter Homer zugeschrieben wird, steht als Synonym für Irrwege, für die Suche des Menschen nach Heimat und Glück auf verschlungenen, labyrinthischen Pfaden. Die *Odyssee,* im 8.Jahrhundert v. Chr. entstanden, beginnt nach der Zerstörung Trojas und erzählt in 12.000 Versen - im antiken Hexameter-Versmaß - von der zehnjährigen Irrfahrt des Odysseus während der Rückkehr zu seiner Heimatinsel Ithaka, um die verlorene Königswürde - und seine stark umworbene Frau Penelope - zurückzuerobern. Nur selten wird dem neugeborenen Helden ein fester Lebensplan schon in die Wiege gelegt. Erst recht nicht dem Sohn eines armen Pächters und Klippschul-Lehrers, Enkel eines leibeigenen Radmachers gar, der 1751 im mecklenburgischen Sommersdorf bei Waren an der Müritz als *Spurius* (voreheliches Kind) zur Welt kommt und auf den Namen *Johann Heinrich Voß* getauft wird.

Wohin ihn das Leben verschlägt, auf welchen Gleisen die Lebensbahn verläuft, hängt im *Heiligen Römischen Reich Deutscher Nation* Mitte des 19.Jahrhunderts von Größe und Inhalt des väterlichen Geldbeutels ab und - da dieser nichts hergibt - von der Gnade der Vermögenden: Der arme *Lateinschüler* Voß findet erste Gönner unter den wohlhabenden Neubrandenburger Bürgern, die ihm an einigen Tagen der Woche Freitische gewähren und so den Besuch der renommierten Lateinschule ermöglichen. Der mittellose Göttinger *Student* ist auf großzügige Kollegien- Geldspenden von Professoren angewiesen, und der *Privatlehrer* Voß auf die Gnade mecklenburgischer Landadliger. Die ungeliebten Unterrichtsstunden für die Kinder der Familie von Oertzen zu Ankershagen - nahe dem Geburtsort Sommersdorf- sind wohl eher notwendige Lehrjahre v o r der Odyssee als bereits Stationen derselben. Bis 1772 erträgt Voß die Demütigungen des mecklenburgischen Landadels, dann verlässt er enttäuscht seine Heimat. 1775 bewirbt sich Voß um die freigewordene Stelle des Rektors der Neubrandenburger Lateinschule, deren fleißiger Schüler er einst war.

Er scheitert am Einspruch des herzoglichen Strelitzer Hofes, vermutlich - so sein Biograf Wilhelm Herbst - "an seiner Jugend, an seinem Laien- und

Poetenthum, vielleicht auch an der freiheitlichen und antiaristokratischen Tendenz seiner Gedichte".

Vor allem seine Idyllen *Die Leibeigenen* und *Die Freigelassenen* waren Rittergutsbesitzern, Großbauern und Hofschranzen ein Dorn im Auge. Die erstere war just zuvor in *Bodes Gesellschafter* publiziert worden.

Vier Jahre später- bereits in Otterndorf- fällt Voß ein vernichtendes Urteil über seine Heimat: "Es ist ein schnödes, verächtliches Land, das Mecklenburg, ohne alles Gefühl von Adel als dem, den man erbt, dem lumpichten, abgebleichten und stinkenden Ehrenkleide aus der Lade der Ahnen, deren Hauptverdienst war Saufen und Rauben."

Der 26-Jährige heiratet 1777 die fünf Jahre jüngere Ernestine Boie, die Voß durch seinen Göttinger Kommilitonen Heinrich Christian Boie kennengelernt hatte. Ernestine ist die Tochter· des 1776 verstorbenen Hauptpastors und Propstes der Flensburger St. Nicolai-Kirche, Johann Friedrich Boie.

Das frischvermählte Paar zieht nach Wandsbek bei Hamburg, wo auch die Dichterfreunde Friedrich Gottlieb Klopstock und Matthias Claudius leben. Wandsbek ist Mitte des 18. Jahrhunderts nicht mehr als ein idyllischer Marktflecken im Besitz des Grafen Schimmelmann. Es hat - hinter dem Schloss - einen herrlichen Gutspark.

Die Stadt Hamburg ist (noch) weit genug entfernt, um ein beschauliches Landleben führen zu können, und nah genug, um am geistigen Leben Anteil nehmen zu können. Wandsbek selbst bietet - zum Beispiel mit dem literarischen Teetisch der Elise Reimarios - geistige Anregung.

Bild 1: Johann Heinrich Voß. Stahlstich nach einem Gemälde von G.F.A.Schöner

Bild 2: Ernestine Voß
Ölgemälde von G.F.A.Schöner

Voß braucht, als am 12. Juli 1778 das erste Kind, der Sohn Friedrich Leopold (Fritz), geboren wird, dringend eine Festanstellung. Zwar hat er mit dem Hamburger Verleger Carl Ernst Hohn einen Vertrag, der ihm jährlich Einnahmen von 400 Talern verspricht, die aber an die Herausgabe des *Musen-Almanach* gebunden sind.

Voß hatte der besorgten Schwiegermutter Boie versprechen müssen, den neuen Hausstand nicht einzig auf den unsicheren Einkünften aus dem *Almanach* zu begründen, sondern „die erste passende Schulstelle annehmen zu wollen".

Eine aussichtsreiche Stellung erhält man allenfalls durch ausgezeichnete *Zeugnisse* (Die hat Voß), oder durch *Referenzen* einflussreicher Gönner (Auch sie finden sich im Umkreis von Voß). Dennoch ist er weitgehend auf den *Gehilfen Zufall* angewiesen. Voß antwortet auf *Ausschreibungen* und hofft, den jeweiligen Patronen genehm zu sein.

Bewerbungen um Professuren in Bremen oder Kiel sowie um eine Hauslehrerstelle in Münster enden ebenso erfolglos wie die Nachfrage nach der lukrativen Position eines Konrektors am Hamburger *Johanneum*. "Zu jung und unerfahren bin ich den alten Perückenkerls", schreibt Voß seinen Eltern enttäuscht nach Penzlin.

Als Voß im Sommer 1778 von dem Hamburger Germanistik-Professor Büsch hört, dass in der kleinen Stadt Otterndorf an der Niederelbe ein Rektor für die Lateinschule gesucht wird, zögert er, sich dort zu bewerben. Zu entlegen, zu klein erscheint ihm dieser mögliche Wirkungsort.

In dieser Situation meldet sich im August 1778, "am Kirchgangstag", bei Voß ein beleibter Besucher an, "ein gepuztes Frauenzimmer an der Hand", der sich als Bürgermeister von Otterndorf im Lande Hadeln vorstellt.

Ernestine Voß, die - wie auch die Freunde Claudius, Campe und Miller - anwesend ist, erzählt: "Der dicke Herr nahm sogleich mit vieler Beredsamkeit das Wort, wie er seinem Lande Hadeln Glück wünsche, einen so kenntnisreichen Mann bald den seinigen nennen zu können, und kramte mit Würde aus, wie auch er ein Gelehrter sei, der in seiner Jugend Latein und Griechisch gelernt, und außerdem mancherley Schulkenntnisse besize, die ihn fähig machten, einem jungen unerfahrenen Mann überall mit Rath beizustehn."

Eine Art Examen beginnt, in dessen Verlauf Voß gefragt wird, ob er auch *Chrestomathien* (zu Unterrichtszwecken bearbeitete literarische Werke) verwenden wolle. Voß erklärt, dass er seine Schüler stets "aus den Authoren selbst", also nach den Originalen, unterrichte.

Auf die nächste Frage des Besuchers, ob er auch die Basedowschen Chrestomathien nicht verwende, antwortet Voß: "Die am allerwenigsten". Da "sprang der dicke Herr auf und rief: Dann soll der T..... Sie holen, denn ich selbst bin Basedow!". Das Ganze ist ein mit den Freunden ausgeheckter Streich. Der vermeintliche Bürgermeister ist Voß nicht gram. Im Gegenteil, er umarmt den jungen Mann "ob des wohlverdienten Freimuts" und lädt ihn und seine Freunde ins Wirtshaus ein.

Johannes Bernhard Basedow ist ein einflussreicher Mann; er gibt dem jungen Mann zu verstehen, dass es an seiner Fürsprache nicht fehlen solle, wenn er sich auf die Otterndorfer Ausschreibung bewerbe.

Ein ausführlicher Bewerbungsbrief geht an die zuständige Schulverwaltung:

> „... Da ich durch den Herrn Professor Büsch erfahren habe, dass das Rectorat der Schule in Otterndorf durch Abgang des Herrn Meyers erledigt worden sey, und daß man jetzt einen Mann suche, der Fähigkeit und Trieb habe, ein nützlicher Schulmann zu werden; so bin ich bewogen worden, Ihnen, hochgeehrteste Herren, meine Dienste anzubieten.
>
> Ich habe in Göttingen Theologie studiert und mich zugleich im philologischen Seminario, unter Anleitung des Herrn Hofrath Heyne, auf diejenigen Wissenschaften gelegt, die ein Lehrer wissen muß, der Knaben und Jünglinge zur wahren Gelehrsamkeit vorbereiten soll; meine Neigung mich zum Schul- oder akademischen Leben hintrieb...
>
> Für die Aufrichtigkeit meines Wunsches, im Lehr-Amte mehrern Nutzen zu schaffen, als ich bisher durch Schriften gekonnt habe, erlauben Sie mir dieses anzuführen, dass mich nicht die Noth dazu drängt, da ich nach meinem itzigen Plane noch einige Jahre unabhängig bleiben könnte. Ich erwarte eine geneigte Antwort, und bin mit schuldiger Hochachtung und Ergebenheit, Meiner hochgeehrtesten Herren gehorsamer Diener Voß."

Dem Otterndorfer Wahlkollegium der *Provisoren,* das über die Besetzung der Rektorenstelle enstscheidet, gehören der Prediger, die Gemeindevertreter, die Juraten sowie die Leviten (Armenvorsteher) an. Seine Entscheidung ist bindend und wird formell vom *Konsistorium* bestätigt.

Der Mitbegründer des *Göttinger Hainbunds,* Mitherausgeber und Autor des *Musen-Almanach,* des ersten deutschen Literaturkalenders, scheint der rechte Mann für den Posten zu sein. Man kennt seinen Namen inzwischen auch im Norden Deutschlands.

Eduard Rüther ist anderer Auffassung: "Den *Dichter* Voß haben die Hadler nicht gekannt und begehrt, sondern sie wünschten den ihnen wohl empfohlenen Mann als *Rektor* ihrer alten Lateinschule." Man ist auf Mutmaßungen angewiesen, da über die Gründe der Wahl nichts mitgeteilt wird.

Nach der - einstimmigen - Wahl des neuen Rektors durch die 63 "Patronen und Provisoren" teilt Bürgermeister Brütt Voß mit:

> "Hochedelgeborner Herr, Hochzuverehrender Herr! Namens des Collegii der Patrone und Provisoren der hiesigen Kirche und Schulen habe ich die Ehre, Euer Hochedelgeboren nachrichtlich zu vermelden, dass Sie am gestrigen Tage einstimmig zum Rector der Schule erwählet worden. Da ich diese Wahl recht sehr gewünscht und soviel an mir gewesen, betrieben habe, so geht es gewiß aus vollem Herzen, wenn ich Ihnen wie dem hiesigen Publikum zu dieser Wahl Glück wünsche.
>
> Wenn Ihre Umstände es irgend erlauben, so bitte ich Sie, sich so bald als möglich auf einige Tage anhero zu bemühen, theils um sich der Ordnung nach bei dem Hrn. Superintendtenten zum Colloquio präsentieren zu lassen und theils um über den einen und den andern Punkt vorher mündlich Abrede zu nehmen."

Der alte Rektor Meyer verlässt vor Michaelis 1778 die Stadt und Brütt hofft, dass "Ew. Hochedelgeboren so dann das Rektorat gleich wider antreten werden, damit die Schule nicht ausser Activität komme".

Johann Heinrich Voß trifft am 10. September in Otterndorf ein und gibt vor dem Superintendenten Hackmann eine Probe seiner griechischen und lateinischen Kenntnisse, - ein eher formaler Akt, der "zur völligen Zufriedenheit des gutmüthigen alten Mannes" ausfällt. Voß findet bei seinem ersten Besuch das geistige Klima "anregend", der Ort erscheint ihm "überaus angenehm". Er fühlt sich "so leicht und heiter, als ob ich gar nichts mehr zu überlegen hätte".

Er nimmt die Wahl an und trifft nach seiner Rückkehr die Vorbereitungen zum Umzug. Er ist optimistisch, die Bindung zu den Hamburger Freunden, zu Matthias Claudius, Friedrich Gottlieb Klopstock, Gotthold Ephraim Lessing und Joachim Heinrich Campe, auch vom neuen Wohnort aus aufrechterhalten zu können: "Otterndorf liegt nur 12 Meilen von Hamburg, und wie bald fliegt man die auf der Elbe hinunter?"

Die geliebte *Odyssee* des Homer, die er gerade ins Deutsche überträgt, im Gepäck, macht sich Johann Heinrich Voß mit seiner Familie, zu der nun auch der drei Monate alte Säugling Fritz gehört, auf den Weg nach Otterndorf. Da es noch keine feste Straße gibt, muss die Strecke bis Stade auf der Elbe zurückgelegt werden.

Ein ehemaliger Schüler Voß', jetzt Kapitän des Britischen Kronschiffs, hat von der Abreise Voß' erfahren und lässt es sich nicht nehmen, den neuen Rektor und seine Familie auf dem Prunkschiff zu befördern. In Stade bleibt die Familie einige Tage bei dem Landsyndikus Peter Wilhelm Hensler, der Voß ein Darlehen von 100 Talern zur Finanzierung des Umzugs und zur Einrichtung des neuen Haushalts gewährt. Eine Uhr, die der Schulmeister am neuen Wirkungsort dringend gebrauchen kann, gibt es als Geschenk obendrein.

Voß will sein wertvollstes Gut, die Taschenausgabe der *Odyssee,* als Pfand zurücklassen und darauf seine Hand geben, wird aber von dem Epigrammdichter Hensler wie folgt beschieden:

> Hier ist das Geld, die Hand nehm' ich nicht an,
> ein Wort ein Wort, ein Mann ein Mann;
> auch braucht's des Pfandes nicht: unsterbliche Gedichte
> sind für Frau Themis Göttin des Rechts Schaugerichte;
> denn als bewegliches und consumptives Gut
> sind sie nicht eins zu Hypotheken gut."

Einige Tage später geht es dann mit dem Pferdegespann, einer "jener Rä-
der- und Martermaschinen, welche man Postwagen nannte" (Auhagen)
nach Otterndorf, wo die drei am Abend des 25. Oktober 1778 eintreffen.
Der Aufbruch in Wandsbek scheint sich übrigens etwas überstürzt vollzo-
gen zu haben, denn Matthias Claudius schreibt dem neuen Rektor hinter-
her: "Man beschuldigt Euch hier, daß Ihr von unsern Büchern mit einge-
packt habt oder durch Mamsel Mettel habt einpacken laßen, neml., sagt
meine Frau 1.) Briefwechsel academischer Freunde 2ter Theil 2.) Aus dem
geheimen Tagebuch eines Engländers, ein kleines Büchelein 3.) Physiog-
nomische Reise und dergleichen mehr. Seht nach und speit sie wieder
aus", wird der Abgänger - vielleicht nicht ganz ernsthaft - ermahnt, obwohl
beiden der kostbare Bücherschatz wichtigster Bestandteil des Hausrats
ist.
Die Fahrt von Hamburg nach Otterndorf ist - wenn sie nicht per Kronschiff
zurückgelegt werden kann - keinesfalls so problemlos wie Voß zunächst
angenommen hatte. Das muss die Familie bei der Rückkehr von ihrem ersten Hamburg-Besuch im folgenden Jahr erfahren. Die Reise gleicht einem
Abenteuer des Odysseus und lässt etwas von den Gefahren ahnen, denen
man ausgesetzt ist.
Eine Schaluppe wird in Hanburg bestellt, "und wir stiegen getrost hinein,
ob es gleich stark wehte, und wir den Wind im Gesicht hatten. Bis Altona
gings gut, aber da stieg der Wind mit einmal so heftig, das wir in Lebens-
gefahr waren. Die Wellen schlugen immer über uns her, und wir boten
dem Sturm die Spitze des Schifs, das Wasser drang auch heftig hinein. Wir
hielten uns ruhig, und freuten uns das wir beisammen waren. Die *Odüssee,* und die schönen *Idyllen* wären auch mit fort gewesen. Nachdem wir
so einige Stunden herumgeschwebt hatten, kamen wir von Wellen ganz
naß ans Land, daß war eine angenehme Empfindung."
Familie Odysseus - und die wertvollen Schriften - sind noch einmal geret-
tet. "Am Ufer hatte sich eine Menge Menschen versammelt, die das mit
den meerartigen Wellen ringende Boot schon für verloren hielten" (Wilhelm Herbst).
Der Held versucht, der Angelegenheit die guten Seiten abzugewinnen:
"Wir trockneten und wärmten uns und die Kinder und nahmen einen Wa-
gen, der uns nach Stade brachte. Das war eine angenehme Reise, man

fährt durchs alte Land, wo man drey Meilen, nichts als blühende Bäume, und zuweilen ein schönes Dorf sieht, gar selten ein Saatfeld. Die Leute, die einem begegnen, sehen alle so heiter aus, da hätten wir sie gerne mitgehabt."

Odysseus-Voß sieht Land. Seine Irrfahrt durch Deutschland hat ihn zunächst *nach Haduloha* geführt, wie man das Land Hadeln an der Außenelbe früher einmal nannte, und was wohl soviel wie *Kampfwald* bedeutet. Von diesem Kampfplatz aus wird der jugendliche Held seine ersten bedeutenden Wortgefechte und Geisteskämpfe austragen, ehe er vier Jahre später zu neuen Ufern aufbricht. Ein bedeutender Kampfplatz wird die kleine Stadt vielleicht nicht sein können, aber immerhin ein Anfang. Selbst der Otterndorf- und Voß-Verehrer Eduard Röther kommt beim Vergleich mit Wandsbek zu dem Schluss: "Otterndorf bedeutete in geistiger Beziehung unbedingt einen Abstieg für Voß."

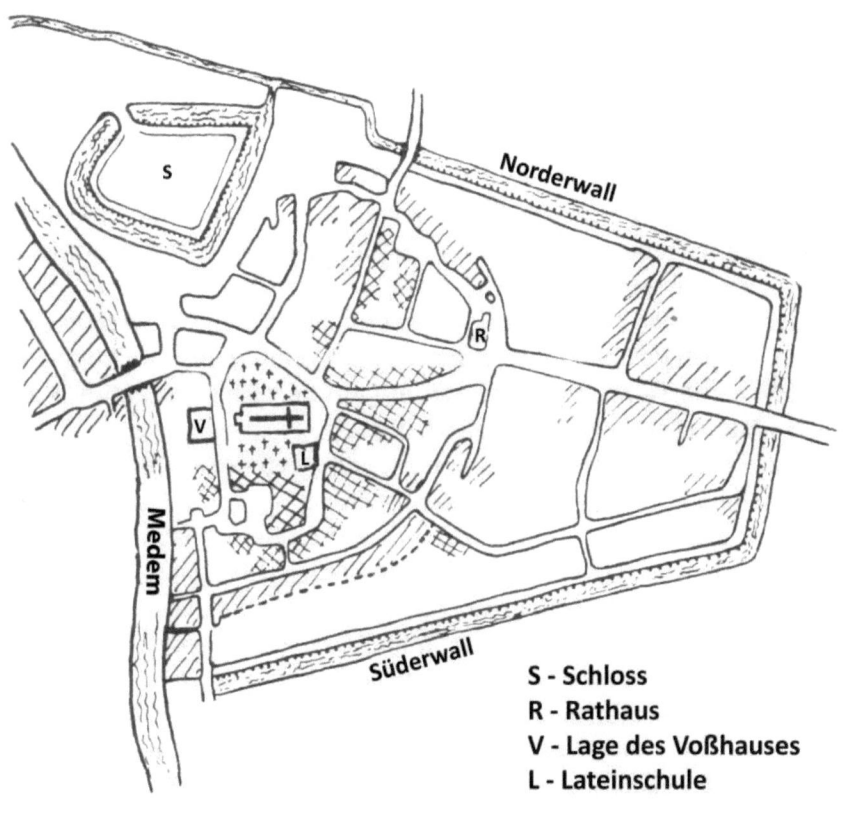

S - Schloss
R - Rathaus
V - Lage des Voßhauses
L - Lateinschule

Bild 3: Otterndorf um 1750
Maßstab 1:500, nach einem Plan des Leutnants Pape

2. Freiheit eines Hundes an der Kette

Voß und Otterndorf, - das ist zuerst und vor allem eine Begegnung der *zufälligen* Art. Und scheint es auch so etwas wie Liebe auf den ersten Blick zu sein, so hält die Bindung während der knapp vier Jahre von 1778 bis 1882 nur schlecht und recht.

Immer wieder unternimmt Johann Heinrich Voß in den folgenden Jahren Versuche, den Wohnort zu wechseln: Gotha (März 1779), Quedlinburg (Mai 1779), Riga (Januar 1780), Hannover (Juni 1780) Wolfenbüttel (März 1781) oder Lüneburg (1782) hätten gut und gern die nächsten Stationen seiner Odyssee sein können.

Nur weitere Zufälle verhindern den Wechsel: Mal ist die Stelle schon vergeben, als sich Voß dafür interessiert, ein andermal würde er sich finanziell nicht verbessern. "Ich verließe Otterndorf herzlich gern", schreibt Voß Ende 1780, "aber verbeßern muß ich mich."

Was hält Voß fast vier Jahre lang am Ort, und was treibt ihn immer wieder, nach einem anderen Wirkungskreis zu suchen?

Zunächst einmal reizt ihn die Hoffnung auf größere Unabhängigkeit im Amt, die im Land Hadeln gegeben ist. Nach der abhängigen Tätigkeit als Privatlehrer für Mecklenburger Adelskinder und danach als "freier" Schriftsteller hat er das fremdbestimmte Dasein satt und sehnt sich zugleich nach einer soliden materiellen Grundlage für die Familie.

Eine Stelle als Rektor in Otterndorf ist nicht gerade eine fette Pfründe, aber "das Land Hadeln genießt vor den übrigen Hanövrischen Provinzen besondere Freiheiten, die sich bis auf den Rector erstrecken", teilt Voß seinem Mitherausgeber Goeckingk noch von Wandsbek aus mit. "Ich kann die Schulordnung nach meinem Gefallen ändern. Meine Klaße habe ich ganz allein und die Aufsicht über des Correctors und des Cantors Klaße ... Die Leute, die ich gesehen habe, sind geradeweg, ehrlich und frei. Der Reichtum des Landes ist Ackerbau und Viehzucht, die Bauern sind die Vornehmsten, Edelleute giebts gar nicht ... Es scheint, als wenn ich den Leuten auch nicht misfalle; sehr vieles thut hierbei mein bißchen Plattdeutsch."

Johann Heinrich Voß hat intuitiv erkannt, dass sich in dem seltsamen Ländchen Hadeln eine Art geistiger Freiraum eröffnen würde. Und später wird er vom Land Hadeln sagen: "Dort und in Hamburg ward mir klar, was Gemeinwesen sei, ich fühle den Sinn *unsere* Marsch, *unser* Recht, *unser* Deich, *unsere* Brücke, und im Vorbeifahren hörte ich einmal mit Lust: *unser* Rektor."

Die Hadelnsche Kirchenordnung aus dem Jahre 1526, sie ist älter als die des Stammlandes Kursachsen, beschreibt die Aufgaben der Schule nur sehr allgemein und umreißt den Erziehungs-Auftrag der Lehrer: "In Scholenn: Dat men rechtschapene gelerde gottfruchtige Schollmeistere in dem Bleeke und Kerspeln sette, de up eine gewisse Arth de Jögett underwisen".

Rechtschaffen, gelehrt und gottesfürchtig also wollte man die Schulmeister, sie durften keine "Drunkenbolte, Schleger edder Kiver oder Raucher" sein und mussten die Jugend auf eine "gewisse Art unterweisen". Das lässt weiten Raum für eigene Auslegungen.

Christoph Meiners, in Warstade, nahe Otterndorf geboren, später Professor in Göttingen, beschreibt um 1780 eine Reise durch Deutschland, die auch durch Otterndorf führt und 1787 unter dem Titel *Bemerkungen auf einer Reise von Göttingen nach Cuxhaven* im Göttinger *Historischen Magazin* veröffentlicht wird.

Vom Land Hadeln schwärmt Meiners: "Man wird in Deutschland schwerlich eine Gegend finden, wo der Bauer so garnicht gedrückt wird und wo er sovieler Freiheiten und eines so großen Wohlstandes genießt als in dem am äußersten Winkel von Deutschland hingeworfenen Hadeler Ländchen."

Ähnlich Hermann Allmers in seinem 1858 erschienen *Marschenbuch*: "Unter allen fruchtbaren Marschen, von Holland an, oder an den Ufern der Ems, der Weser, der Elbe bis hinauf nach Nordfriesland gibt es wohl keine, die in schöner Frühlings- und Sommerzeit solch ein Bild mächtiger Fülle und Üppigkeit bietet, keine, wo Cultur und modernes Leben, Luxus und Intelligenz derart ihren Sitz aufgeschlagen, keine, deren kräftiges Volk seit uralten Zeiten in Sturm und Wechsel der Jahrhunderte so viele Freiheiten und Rechte und eine so straffe Selbständigkeit und Unabhängigkeit zu behaupten wußte, als das Land Hadeln, die nördlichste Marsch am linken Elbufer ... "

Die Herzöge von Sachsen-Lauenburg hatten dem Land frühzeitig zahlreiche Rechte und Privilegien eingeräumt. Die erste Stadtordnung hatte Herzog Erich dem "Weichbilde Otterndorf" im Jahre 1400 erteilt.

Obwohl die Verhältnisse später wechseln, erst Stader, dann das Sachsen-Recht gilt, wird dieses Statut 1731 durch König Georg 11. ausdrücklich bestätigt. Es kennt keine Feudalprivilegien, sichert Ratsautonomie, Markt-, Handels und Gewerberechte.

Hauptort des Landes Hadeln im Elbe-Weser-Dreieck ist die kleine Stadt Otterndorf. Außerdem gehören elf kleinere Dörfer und Flecken sowie zahllose verstreute Bauernhöfe dazu, die man, wären sie nicht mit Stroh gedeckt, wegen ihrer Größe und Anordnung "für einen Edelsitz halten" (Meiners) könnte.

Otterndorf ist eine alte Wurtensiedlung. In das flache, dem Meer abgerungene Land wurde eine künstliche Erdaufschüttung (Wurt oder Warft) der Gründungsplatz für die Kleinstadt, die um 1780 kaum 1.500 Einwohner zählt. Während das umliegende Marschland schon um 1106 einen Deich erhielt, wurde die Stadt-Eindeichung erst 1450 vorgenommen.

Aber auch danach sind die Bewohner verheerenden Sturmfluten ausgesetzt. Allein im 17.Jahrhundert werden 13 Sturmfluten registriert. Die Weihnachtsflut des Jahres 1717 fordert in Hadeln 311 Menschenleben. Und auch die Stadt Otterndorf wird überflutet; "das Wasser hat da bis an die höchsten Torbogen" der beiden Stadttore gestanden.

Die Bürger sind überwiegend "Nahrungstreibende". Sie erzeugen, verarbeiten und handeln mit einheimischen Produkten. Unter den um 1780 aufgeführten 275 Nahrungstreibenden gibt es 24 Kornhändler, 23 Kahnführer und Schiffer, 22 Krugwirte, 22 Schuster, 19 Weber und 16 Höker. Auch die 5 in der Stadt lebenden Musiker zählen zu dieser produktiven Berufsgruppe.

Enge, gewundene Straßen ziehen sich um den Wallring. Der Wall selbst ist, als Voß dort wirkt, bereits weitgehend eingeebnet und 1750 mit einer Lindenallee bepflanzt worden.

Zwei Tore, das Westertor an der Medem, mit dem Stadtwappen - Otter und Rautenkranz - und das Ostertor mit seinem Spitzturm, aber begrenzen zur Voß-Zeit noch die Altstadt. 1856 und 1865 werden die baufälligen Tore dem zunehmenden Verkehr auf der Handelsstraße von Hamburg nach Ritzebüttel-Cuxhaven geopfert.

Fünf Jahre vor Vossens Ankunft wurde das alte Schloss der Herzöge von Sachsen-Lauenburg durch einen anderen Schlossbau ersetzt, der später - und auch heute noch – als Amtsgericht dient.

Das Schloss prägt -wie die topografische Skizze von 1764 zeigt das Stadtbild fast ebenso wie Kirche, Rathaus und das mehrgeschossige *Kranichhaus.*

Die Stadt ist beinahe so flach wie das Land ringsum, die Kirche mit dem Kirchhof und das Schulhaus liegen fast am höchsten Punkt der Wurt, - gerade mal sechs Meter über dem nahen Meeresspiegel.

Durch die Altstadt windet sich ein träger, trüber Flusslauf, die Medem. Sie kommt von den Torfmooren und endet in der Elbe. Am Hafen, dem *Großen Specken,* machen die kleinen Boote, die man hier *Flöten* nennt, fest, bringen Obst und Feldfrüchte aus dem Sietland, versorgen die Stadt mit Torf aus den Mooren oder bringen Getreide und Vieh zur Elbe, wo größere Schiffe, die Ewer, den Transport nach Hamburg übernehmen.

Johann Heinrich Voß soll mietfreies Wohnrecht im Rektorhaus, freie Weide für eine Kuh, Holz, Torf und Accidentien an Kirchengeldern und 120 bis 150 Taler in bar erhalten, so dass er seine Gesamteinkünfte auf mindestens 300 Taler pro Jahr berechnet.

Das ist "nicht gerade viel, doch es ist ein Anfang", resümiert Voß nach einem viertel Jahr. Da ist er noch überzeugt, dass ihn "Gott hierhergeführt hat", obwohl er sich doch schon wie ein "Hund an der Kette" fühlt.

Bild 4: Das Westertor um 1850

Mit seinen nunmehr 27 Jahren hat Voß eine angesehene Stellung. Wo sonst würde man den Enkel des Leibeigenen Voß mit „Hochedelgeborner Herr, Hochzuverehrender Herr" anreden? "Die Otterndorferhaben mich sehr lieb und vieles an mir verwandt", schreibt er im Dezember 1780 an den Kieler Chirurgen Christian Hieronymus Esmarch. Die Arbeit wird Ihm - so die Hoffnung Zeit und Kraft für die Übertragung der geliebten Homer-Epen und für eigene literarische Werke lassen.

Der *Optimismus* macht bald einem vom Alltag bestimmten *Realismus* und am Ende gar *Zweifeln* Platz, ob er sich wohl gut entschieden hätte, die Nähe der Großstadt - und seines Hamburger Verlegers Carl Ernst Bohn – zu verlassen.

Dem Dichter-Kollegen Johann Martin Miller wird auf die Frage nach dem Wohlbefinden am neuen Wirkungsort die ehrliche Antwort zuteil: "Ob ich zufrieden bin? Ja, sage ich, und zwar zu Fremden mit heiterer Stimme. Bei dir kann ich ja wohl hinzufügen, daß ich' s gerne ein wenig besser hätte.

Von 8 bis 12 und von 2 bis 4 schieb ich täglich die Karre und eine Stunde brauch' ich doch täglich zur Vorbereitung. Hierfür nehme ich gegen 300 Reichstaler ein, wenn die Schule mäßig besetzt ist.

Mit Kostgängern kann ich es höher bringen, bis jetzt kann ich noch keine halten, denn mein Haus wird diesen Sommer erst ausgebaut. Das alte Rectorhaus lag im Morast, und hatte niedrige Zimmer, in einer dumpfen Gasse. Da kauften sie mir dies, und gaben jenes dem Cantor.

Hier seh ich aus meiner Gartenlaube über den Fluß ins Feld, und vorn beim Thurme vorbei auf den Kirchhof, und bin freilich den Ost - und Westwinden ausgesetzt; aber es ist doch, besser Wind als stinkender Nebel..."

Das Haus gegenüber der Kirche, von der Stadt für 4.000 Mark angekauft, ist nicht bezugsfertig, Voß muss den Verwaltern ständig in den Ohren liegen, sich mit den Malerarbeiten und dem Verlegen der Fußbodendielen zu beeilen.

Eile ist auch aus einem anderen Grunde geboten. Im Juni war Vossens Vater gestorben, und der Sohn bittet die in Penzlin allein zurückgebliebene Mutter, nach Otterndorf zu ziehen: "Jezt habe ich Gottlob mein Brod und wohne hier sehr angenehm und vergnügt. Wie könnte ich' s denn vor Gott verantworten, wenn ich meine alte Mutter, die mich gesäugt und zur Gottesfurcht angehalten hat, in der traurigen Einsamkeit und im Mangel sizen liesse? Kommen Sie, liebe Mutter, Sie sollen's hier gut haben, völlige Freiheit zu thun und zu laßen, was Sie wollen."

Ende September 1779 kommt Mutter Voß und bleibt fortan bei der Familie. Am 29. Oktober wird der zweite Sohn, der wie sein Vater Johann Heinrich heißt, geboren.

Am 29. April 1781 komplettiert noch ein dritter Sohn, Wilhelm Ferdinand Ludwig, die Otterndorfer Voß-Familie, die später - in Eutin - noch um zwei weitere Söhne wächst. Voß schafft vollendete Tatsachen, bezieht sein neues Haus in der Domstraße und hält dort auch Stunden ab. Der Baulärm und die Provisorien beim Ausbau der ersten Etage sind ihm lieber als das Wohnrecht beim Nachbarn Paulsen.

Das Haus in der Domstraße Nr. 8 -heute Johann-Heinrich-Voß-Straße - liegt in der Stadtmitte, direkt an der Medem, die Voß - wie die Einheimischen auch - die *Mäme* nennt. Nahe dem Westertor, am Großen Specken, landen Fischer und Bauern Fisch, Vieh und Getreide an; in den Mooren werden die Lastkähne mit Torf beladen und - an der Stadt vorbei - zur Elbe gestakt.

Bis zur Lateinschule sind es nur ein paar Schritte über den Kirchplatz zum *Himmelreich,* an dem das ehrwürdige, 1614 erbaute Schulhaus liegt. Und die Kirche gegenüber, auf der anderen Straßenseite, steht so nahe, dass Voß - vermutlich nicht zu Unrecht - fürchtet, der kleine, schiefe Turm falle ihm wegen des morastigen Untergrunds demnächst aufs Haus:

Bild 5: **Die ehemalige Lateinschule in Otterndorf um 1932**

Bild 6: Das Voßhaus in Otterndorf

"Auch unser krummer Kirchenthurm,

>   mein Nachbar, hat nicht gerne Sturm,
>   sonst fällt das alte Uebel,
>   noch gar auf meinen Giebel."

dichtet er in seiner Ode *An den Wind*. Tatsächlich muss der Turm 15 Jahre später abgebrochen und während der Franzosenzeit 1803 neu errichtet werden. Die Spitze wird zunächst durch eine stumpfe Turmhaube ersetzt, ehe er seine heutige Form erhält.

Ernestine Voß freut sich besonders an dem kleinen Garten mit der Baum-Laube hinterm Haus. Hier kann sie Küchenkräuter und Gemüse anbauen, die Kinder haben ihren Auslauf. Mit ein paar neugepflanzten Erlen wird das Gärtchen vom Fluss abgeschirmt.

Von dort hat man freien Blick übers - noch – unbebaute Land auf der anderen Ufer-Seite. Überschwenglich lobt der Dichter sein neues Reich:

>   Lämmer im Schatten der Weid
>   und die Mühle mit kreisenden Flügeln,
>   gleitende Kähne des Stroms.
>   Herden auf sonniger Au:
>   Alles flattert im Schimmer umher,
>   und die Laube von hellem,
>   dämmerndem Grüne gewebt,
>   zittert und hüllt sich in Glanz."

Im Verlaufe des Jahres 1780 trübt sich Vossens Wohlbefinden in Otterndorf zusehends. Dazu tragen Faktoren *am Ort* ebenso bei wie Ereignisse, die weit *außerhalb* liegen. Der neue Rektor hält sich nicht an die traditionellen Regeln. Sein Erscheinungsbild weicht schon äußerlich stark davon ab: Statt des schwarzen Rocks trägt er sein himmelblaues oder gar rotes Gewand auch im Unterricht; in Haus und Garten- oder beim Klöhn mit Nachbar Schmeelke oder bei Superintendent Hackmann- wird er gar pfeiferauchend im Schlafrock gesichtet.

Er selbst erinnert sich 1820 an solche Begebenheiten: "Der Mann aus dem Sietland, der meinen Torf aus dem Kahn zu Boden trug, war Schultheiß und richtete mit Fug ... Zum alten ehrwürdigen Superintendenten, dem ferneren Nachbar, kommt im Schlafrock der junge Rector, sich den Kaffee ausbittend, die große silberne Kanne blinkt unter Silbergeschirr dem Gärtner, der anderswo vornehme Kunst, hier das Grabscheit zu handhaben gelernt, wird angesagt, er wäscht sich, und ehrbar in Hemdsärmeln, mit langer Pfeife, nimmt er teil am Gespräch über Amerika ... "

Der asketische Voß lässt sich- ganz im Unterschied zum Vorgänger Meyer - an keinem Stammtisch, in keinem der über zwanzig (!)Wirtshäuser sehen. Meyer hatte sich mit seinen Schülern des Öfteren im Ratskeller getroffen und gar dafür gesorgt, dass dort ein Billardtisch aufgestellt wurde, - eine Attraktion für das ganze Land Hadeln.

Voß schlägt Einladungen zu Besuchen und Festessen meistens aus, weil ihm die landesüblichen Speisen- angeblich oder wirklich - nicht bekommen. "Freßen können sie hier wie die Hamburger", schreibt er, "und wollen durchaus, daß ihr Rector auch einen Wanst haben soll." Die Leute sind "ohne anderes Gefühl als für Geld und Mehlklöße", lamentiert er. "Die Hadler mästen sich Jahraus Jahrein mit Mehlklößen, wie die Truthähne ... Die Klöße sind ungelogen so groß, als ein Kindskopf, und deren genießt jede Person 2, und Fleisch (Grapenbraten nennen sie) obendrein ... Osterabend frißt jeder 20 Eier zur Vorkost."

Voß scheint nicht der einzige zu sein, dem die Hadeler Eßsitten als außergewöhnlich auffallen. Sein Zeitgenosse, der reisende Philosoph Karl Julius Weber, notiert von Hadeln: "In der Schweiz ißt man viermal des Tages, hier fünfmal, und zwar Speck und Mehlklöße."

Und der bereits erwähnte Christoph Meiners, selbst ein Otterndorfer, hat das üppige Essen gar für eine Ursache angesehen, weshalb die Hadeler so friedfertig seien und für kriegerische Auseinandersetzungen untauglich wären. Die "vielen nahrhaften Speisen, an welchen selbst das Gesinde auf den großen Höfen von Kindheit auf gewöhnt sind", ist nach seiner Meinung der Hauptgrund, "warum die Hadeler so abgeneigt gegen Kriegs-Dienste, und besonders gegen den Dienst unter dem Fuß-Volk sind. Man nimmt sie auch, wie ich höre, nicht gerne unter die Infanterie-Regimenter auf, weil man weiß, daß sie bei der geringern Kost, welche ihnen ihre Löhnung gewährt, zusammenfallen, oder wohl gar sterben."

Neben der Erledigung seiner Schul-Aufgaben hat Voß vor allem den Wunsch, so bald als möglich die Beschäftigung mit der Homer-Übertragung wieder aufzunehmen. Bereits im November 1778 hört Esmarch die

Klage: "Wenn die fatalen Visiten nur erst vorbei wären, daß ich mich in mir selbst sammeln könnte ... Ein paar frohe Stunden habe ich schon meiner lieben *Odüssee* wieder geschenkt und seitdem erst dünke ich mir der alte Voß."

Möglicherweise hat zur Entfremdung von den Bewohnern auch beigetragen, dass Voß trotz seines Theologiestudiums nicht -wie seine Vorgänger und Nachfolger im Schulamt - bereit ist, in der Kirche zu predigen und den Bestattungen beizuwohnen.

Er sieht streng darauf, dass Schule und Kirche auseinandergehalten werden, "alle mönchischen Schulfuchsereien" liegen ihm fern. Schon während des Theologiestudiums steht - wie er seinem Jugendfreund, dem Pastor Ernst Theodor Johann Brückner, mitteilt- für ihn fest : "Zum Prediger hat mich Gott nicht bestimmt, sonst hätt' er mir keine schwere Zunge und mehr Lust dazu gegeben."

Seine Gedichte *Der Dorfpfaffe* und *Auf einen fetten Prediger* rechnen scharf mit üblen Gewohnheiten der Geistlichen und ihrer mangelhaften Bildung ab. Aber sein Verhältnis zur Kirche als der Patronin der Lateinschule und zu ihren Vertretern - dem Superintendenten Hackmann, den Pastoren Witke und Eichfeld - ist gut; er bemüht sich um Konsens, meidet den Streit mit den Patronen.

Die Aufgaben sind leidlich gut verteilt: Der Kantor Theodor Rauscheibach unterrichtet die 3.- unterste- Klasse; Konrektor Gröger die 2. -mittlere- Klasse, der Rektor Voß die Schüler der ersten Klasse und trägt dazu die Verantwortung für das Ganze.

Johann Heinrich Voß setzt sich für die Abschaffung der Schulexamen ein, die er für „Schaugerichte" und "Blendwerk" hält. Doch so revolutionäre Maßnahmen gehen den Hadelern denn doch zu weit, und es bleibt in dieser Hinsicht alles beim alten.

Zu den 12 bis 18 Jahre alten Schülern der ersten Klasse hat der Rektor ein gutes Verhältnis. "Der Verkehr mit diesen war frisch und frei", urteilt Wilhelm Herbst, "Voss ließ sich darin, im Vertrauen auf seine überlegene Männlichkeit, oft ziemlich weit gehen." Was immer das auch heißen mag. Im Dezember 1780 kann Voß aus Otterndorf melden: "Meine Schüler lieben mich und thun gerne, was ich will." Und auch die Väter sagen nun wohl gelegentlich *unser* Rektor. Was will man mehr?

Wie sein Vorgänger Meyer vertritt Voß eine liberale, gemäßigte Pädagogik, die weitgehend ohne Prügel- und Disziplinarstrafen auszukommen sucht. Ganz im Sinne der Aufklärung spricht Voß seinen Schülern Vernunft und Würde zu und tritt für die weitere Verweltlichung des Schulwesens ein. Die Ausbildung an der jungen, modernen Göttinger Universität macht sich bei dem Schulmann Voß vorteilhaft bemerkbar.

"Seinen Ausgang nahm die neuhumanistische Bewegung von der 1737 gegründeten Universität Göttingen, an der die Professoren Gesner und sein Nachfolger Heyne lehrten", schreibt Ludwig Hardekopf in seiner *Untersuchung zur Geschichte der alten Lateinschule in Otterndorf.* "Die große Zahl ihrer begeisterten Studenten trugen den neuen Geist in die Schulen des protestantischen Deutschlands." Zu ihnen gehört Johann Heinrich Voß, den eine Laune des Schicksals nach Otterndorf verschlagen hat.

Voß bemüht sich nicht sonderlich, die Anzahl seiner Schüler zu erhöhen, wie es sein Vorgänger Meyer getan hatte, um seinen Ruf - und seine Bezüge - zu steigern. Im Widerstreit zwischen Einnahmen-Aufbesserung durch eine größere Schülerzahl und Bequemlichkeit siegt letztere. Und es bleibt Kraft und Zeit für die Freizeit-Arbeit. Zu seinen Kollegen hat Voß ein unkritisches, fast kameradschaftliches Verhältnis, toleriert ihre Eigenarten und Schwächen. Da die Leistungen des Kantors im Rechnen und Schreiben allzu dürftig sind, erlaubt ihm Voß, für diese Fächer einen *Unterlehrer* als Gehilfen zu nehmen.

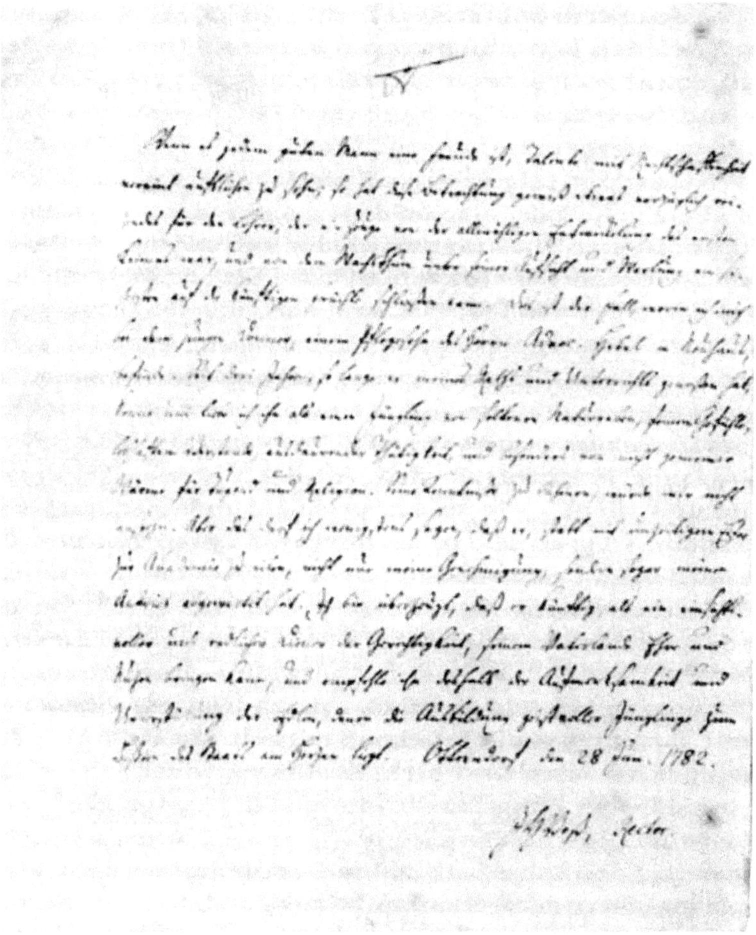

Bild 7: Von Voß ausgestelltes Zeugnis

Text des Zeugnisses:

*„Wenn es jedem guten Mann eine Freude ist, Talente mit Rechtschaffen-
heit vereint aufblühen zu sehn; so hat diese Betrachtung gewiß etwas
vorzüglich reizendes für den Lehrer, der ein Zeuge von der allmählichen
Entwicklung des ersten Keimes war und von dem Wachsthum unter seiner Aufsicht und Wertung am sichersten auf die künftigen Früchte schlie-
ßen kann.*

*Dies ist der Fall worin ich mich dem jungen Donner, einem Pflegesohn des
Herrn Advoc. Hebel in Neubaus, befinde. Seit drei Jahren, so lange er meines Raths und Unterrichts genossen hat, kenne und liebe ich ihn als Jüng-
ling von seltenen Naturgaben, feinem Gefühle, lebhaftem Verstande,
ausdauernder Thätigkeit, und besonders von nicht gemeiner Wärme von
Tugend und Religion. Seine Kenntnisse zu rühmen, würde mir nicht an-
stehn. Aber das darf ich wenigstens sagen, daß er, stets mit unzeitigem
Eifer zur Akademie zu eilen, nicht nur meine Genehmigung, sondern sogar meinen Antrieb abgewirkt hat.*

*Ich bin überzeugt, daß er künftig, als ein einsichtsvoller und redlicher Die-
ner der Gerechtigkeit, seinem Vaterland Ehre und Ruhm bringen kann,
und empfehle ich ihn deshalb der Aufmerksamkeit und Unterstützung der
Ed· Jen, denen die Ausbildung geistvoller Jünglinge zum Beßten des
Staats am Herzen liegt. Otterndorf, den 28. Jun. 1782. J.H. Voß, Rector"*

Voß soll - nach den Berichten von Zeitgenossen – nicht ein trockener Schulmeister, sondern ein "unterhaltender Mann" gewesen sein. Er nimmt an den *Rathaus-Konzerten* teil, die wöchentlich sattfinden. Auf Initiative des Kantors Theodor Rauscheibach und des Organisten Böse werden im Rathaus seit dem Winter 1774/75 Konzerte mit anschließendem Tanz veranstaltet, die sich in der näheren und weiteren Umgebung großer Beliebtheit erfreuen, so dass "zwischen Otterndorf und Hannover ihres Gleichen nicht zu finden war" (Schmeelke).

Voß stellt sich an die Spitze eines kleinen *Lesezirkels* und bringt seinen Mitbürgern sowohl moderne als auch klassische Werke zu Gehör. Er selbst musiziert gern allein oder mit dem begabten Organisten Böse zu Hause am Klavier, das- langerwartet-endlich aus Hamburg eingetroffen ist.

Als im August 1781 der Kaufmann und spätere Bürgermeister Johann Hinrieb Radiek heiratet, schreibt Voß ein *Hochzeitslied* für seine kleinen Söhne Fritz und Heinrich, das der Drei- und der Zweijährige im Hochzeitshaus zur Freude der Gäste vortragen (müssen). Und so sagen die beiden Buben die Hochzeits-Wünsche her, die man gern zu hören pflegt und die sich der Vater-Dichter ausgedacht hat:

> Gott mög euch beiden so wie heut,
> in eurem ganzen Leben
> Gesundheit, Fried' und Einigkeit,
> und Wein und Braten geben;
> in Glück und Unglück frohen Muth,
> und immer volle Fässer,
> denn volle Fässer sind sehr gut;
> Zufriedenheit noch besser!
> Nehmt so vorlieb, wir hätten gern,
> ein bißeben mehr gesungen;
> allein Ihr Damen und Ihr Herrn,
> wir sind noch dumme Jungen.

Spätere Berichte, die gar von ausgelassenen Festen im Haus Voß wissen, bei denen bis zum Umfallen (der aus Bücherstapeln gebauten "Sessel") getrunken wird, sind wohl die große Ausnahme oder gehören ins Reich der Fama. Auch wenn sie - wie im *Marschenbuch* Hermann Allmers – ausführlich beschrieben werden. Allmers endet: "Noch heutigen Tags 1858 lebt das Andenken an die große Fete bei Vossens."

Solche Geschichten sind eher dem Versuch zuzuordnen, Vossens spätere "Aussöhnung" mit der Stadt an der Medem zu bekräftigen und sein vierjähriges Wirken in Otterndorf zu harmonisieren.

Dennoch wäre es wohl falsch, Voß *nur* als einen Außenseiter zu sehen, der nicht wenigstens versucht hätte, sich örtlichen Gegebenheiten anzupassen. Seine Vorstellung von Geselligkeit ist eine andere als die der Einheimischen. Er liebt das gute, geistreiche Gespräch, für das er nicht viele Partner findet. Die wenigen Bekannten, die Voß in Otterndorf hat, lassen es meist bei der ersten Einladung bewenden.

Die Eltern der Schüler, meist Bauern aus den umliegenden Dörfern, machen ihren Anstandsbesuch oder besprechen sich mit dem neuen Rektor nach dem sonntäglichen Kirchgang auf der Straße. Einheimische wollen den Rektor in seiner Freizeit nicht stören oder bleiben weg, weil sie merken, dass sich auch die alte Mutter Voß in die neue Umgebung nicht einfügen kann und herzlichen Umgang eher stört als fördert.

Einzig Ernestine ist mit ihrer versöhnlichen Art zu jedem Kompromiss bereit, doch sie hat mit Haus und Garten, vor allem aber mit den Söhnen Fritz und Heinrich, dann mit dem Drittgeborenen, vollauf zu tun. Über *sie* wissen Mitbürger wie Dichterkollegen nur Gutes zu berichten: "Sie ist der Typus der geistig gehobenen Gattin und Mutter, sicher die hingebendste, treueste Dichtergefährtin unserer Literatur", schwärmt etwa Ludwig Bäte. Ernestine muß Haus und Kinder versorgen, die Stimmungen ihres Mannes nach außen abfedern und in den freien Stunden Vossens Theorien über das Schulwesen oder die Homer-Übertragung anhören. Sie tut es, ohne zu klagen, schafft dem weltfremden Mann den nahezu optimalen familiären Rahmen.

Und er weiß durchaus zu schätzen, was er an Ernestine hat: "Meine Erholung vom Karrenziehen ist Ernestine", schreibt er im April 1779, "der einzige Freund und die einzige Freundin, die ich hier habe."

3. Keine Nachtigallen

Johann Heinrich Voß ist der Prototyp des deutschen Stubengelehrten, des philiströsen Philologen, der seine Studierstube allenfalls verlässt, um sich im Gärtchen zu *ergehen,* das -nach Voß' eigenen Angaben - 24 Schritt maß oder, "wenn man die Schritte kleiner mache, kämen 25 heraus". Die Natur muss ihm sozusagen ins Haus wachsen. Weite Märsche, etwa zur Elbe oder an die Nordsee (knapp 3 Meilen), sind die Sache des kaum Dreißigjährigen nicht, bleiben die seltene Ausnahme. Ein Spaziergang mit Ernestine über den lindenbewachsenen Norder- oder Süderwall tut es auch. Den allerdings machen die beiden oft, und Ernestine muss dann Voß' Schulsorgen oder seine Probleme mit dem Homer anhören.

An den Wochenenden unternehmen die beiden gelegentlich einen kleinen Ausflug zum Deich und bewundern von dort aus die großen, sauberen Bauernhäuser in den Nachbarorten.

Das Fehlen von *Nachtigallen* in unmittelbarer Nachbarschaft des Hauses erscheint Voß so beklagenswert, dass er es Jahr für Jahr, wenn der Frühling kommt, in seinen Briefen aus Otterndorf erwähnt:

Er freut sich - im Februar 1780 - auf ein Treffen mit Goeckingk in Wandsbek, "wo die Nachtigallen singen, und dann begleitet Ihr mich nach Otterndorf, wo seit Erschaffung der Welt noch keine gesungen hat." Und im März des darauffolgenden Jahres ergeht nochmals die Klage: "Quellen, Wälder und Nachtigallen giebts hier nicht."

Gelegentlich verdammt Voß sein "Froschleben im Marschland". Dem Komponisten Johann Abraham Schutz, der die besten Gedichte von Voß mit Melodien versieht, spricht er von seiner "Freude, wenn ich im Frühlinge einmal aus meinem Sumpfe heraushüpfe, und Berge, Wälder und Quellen sehe, und die Nachtigall höre".

Im Mai 1782, mit den Gedanken schon in Eutin, träumt Voß von frischer Luft, reinem Quellwasser und "hört die Nachtigall".

So seltsam es auch erscheint: Der auf dem Lande aufgewachsene Dichter ländlicher Idyllen, Verfasser einiger schöner Volkslieder, die vom Dorfleben handeln, hat – gerade in seinen Otterndorfer Jahren- ein philisterhaftes, allenfalls romantisch-verklärendes Verhältnis zu Fauna und Flora. Auch das nahe Meer fasziniert ihn als poetische Landschaft kaum.

Aus der Verschiedenheit der Lebensweise und der Ansichten wachsen bei einigen Mitbürgern unmerklich sogar Missgunst und Neid auf den Mann, der sich etwas Besseres dünkt, weil er lange Gedichte schreibt, die er *Idyllen* nennt.

Voß benutzte die damals gängige Form der *Idylle* bereits in Mecklenburg zur Zeit seiner Hauslehrertätigkeit. Das Wort ist vom griechischen *eidyllion* = *Bildchen* abgeleitet und kaum mit heutigen begrifflichen Deutungen - idyllisch, Idylle - gleichzusetzen.

Die ersten Voßschen Schriften sind entschiedene Anklagen gegen das Junkertum und die Unterdrückung der Landarmen, zeichnen kein "idyllisches" Landleben, sondern scharfe soziale Gegensätze. "Die Schilderung ist grell, aber völlig wahrheitsgemäß, wie die aus offiziellen Actenstücken geschöpften Anmerkungen und die Geschichte der Leibeigenschaft überhaupt darthun", schreibt Karl Goedeke in seinem Aufsatz: *Voß und die deutsche Idyllendichtung.*

Als literarisches Genre bezeichnet die Idylle im 18.Jahrhundert eine überschaubare, zeitlich wie räumlich begrenzte Darstellung, eine Zustandsbeschreibung, die - anders als Roman oder Drama - auf die Entwicklung der Charaktere keinen Wert legt. Die meist langen Gedichte fanden in Zeitschriften und Almanachen weite Verbreitung und waren beim Publikum beliebt.

Das Jahr 1780 ist Vossens produktivstes Idyllenjahr. Aber keine der in Otterndorf entstandenen vier Idyllen - *Die Kirschpflückerin, Die Weihe, Der bezauberte Teufel, Der siebzigste Geburtstag* oder die Anfänge der *Luise* etwa -trägt die Lokalfarbe der Landschaft. Das umgebende Leben, so Wilhelm Herbst, habe auf Voß "eher abstoßend und erkältend" gewirkt denn fördernd.

Es ist eine abstrakte Irgendwo-Nirgendwo-Landschaft, die Voß beschreibt und die ihre Quellen stärker in der vorgefundenen Natur- und Literaturauffassung als in der Natur selbst hat. Er verwendet die klischeehaften Signal-Wörter der Romantik und komponiert sie zu einem wenig originellen Gesamt-Bild.

Was etwa soll man von der Idylle *Die Kirschpflückerin* sagen, deren lesbarste Teile noch liedhafte Strophen sind wie das Lied, das der Kirschpflückerin Hedewig von ihrem Liebsten gesungen wird:

"Beschattet von der Pappelweide,
am grünbeschilften Sumpf
saß Hedewig im rothen Kleide
und strickt' am kleinen Strumpf.
Sie strickt' und sang mit süßem Ton
ein Lied, ich weiß nicht mehr wovon.
Da ging ich an dem Bach zu fischen
mit meiner Angel hin,
und hörte hinter Erlenbüschen
die schöne Nachbarin.
Ich ließ die Angel an dem Bach
und ging dem lieben Mädchen nach.
"So einsam, Mädchen? Darf ich stören?
Hier sitzt man kühl und frisch."
"O gern! Ich suchte Heidelbeeren
in dieses Thais Gebüsch;
allein die Mittagssonne sticht,
auch lohnet es der Mühe nicht."
Ich setzte mich mit bangem Muthe,
mir lief's durch Mark und Bein,
und neben meinem Fuße ruhte
ihr Füßchen zart und klein,
Auf Gras und Blumen hingestreckt,
und bis zum Zwickel nur bedeckt.
Wir zitterten wie Maienblätter
und wußten nicht warum;
wir stammelten von Saat und Wetter
und saßen wieder stumm
und horchten auf die Melodien,
die Kiebitz und Rohrdommel schrien.
Jetzt kühner, stört' ich sie im Stricken,
und nahm den Knaul vom Schoß;

37

doch herzhaft schlug sie mit dem Sticken
auf meine Finger los;
und als sie hiermit nichts gewann,
da setzte sie die Zähnchen an.
"O sieh, wie durch das Laub, mein Liebchen
die Sonne dich bestrahlt,
und bald den Mund,
bald Wang und Grübchen,
mit glühndem Purpur malt!
Auf deinem Antlitz hüpft die Glut,
wie Abendroth auf sanfter Flut."
Sie lächelte, ihr Busen strebte
mit Ungestüm empor,
und aus den heißen Lippen bebte
ein leises Ach hervor.
Ich nahte mich, von Mund zu Mund
versiegelten wir unsern Bund.

Wo nur mag der "grünbeschilfte Sumpf" mit seinem fischreichen Bach, dem Heidelbeertal u n d dem Kirschgarten zu finden gewesen sein? Das wird wohl - bei allem Verständnis für den Zeitgeschmack - schon zur Entstehungszeit als romantisch-verbrämt, um nicht zu sagen: als kitschig empfunden.

Um so erstaunlicher, dass Voß die Idylle als "überaus gelungen" ansieht und gar noch eine didaktische Absicht damit verbindet: "Meine Idylle ist ein Versuch, wie weit man die Denkart der Landmädchen veredeln kann, ohne unnatürlich zu werden", schreibt er an Schwager Boie.

Den "Landmädchen" wird zu ihrem Glück kaum etwas gefehlt haben, wenn sie die *im Musen-Almanach* publizierte Idylle nicht zu Gesicht bekommen haben.

Wo Voß auf gequälten Reim und strengen, einengenden Rhythmus verzichtet und - wie in seiner Idylle *Siebzigster Geburtstag* - zum Dialog seiner Erstlings-Idyllen zurückkehrt, verstärkt sich der Realitätsbezug. In diesem Falle ist der Gegenstand der Idylle ein Besuch bei den alten Eltern in Penzlin, die letzte Begegnung mit dem Vater vor dessen Tod im Juni 1778. Voß

hat die Idylle *Der siebzigste Geburtstag* dem Züricher Professor Johann Jacob Bodmer gewidmet und hofft, dass sie ihm "vermutlich lieb sein wird". Der allerdings zeigt sich wenig dankbar und parodiert in dem Gedicht *Untergang berühmter Namen* Vossens Idylle so:
"Voss von Otterdorf scharrt mit Marie
aus dem Ofen die Kohlen,
Wehet die Glut mit dem Balg
und schimpfet hustend den Rauch aus;
Langet die Kaffeemühl' herab
vom Gesimse des Schornsteins,
Schüttet Bohnen darauf, und nimmt
sie zwischen die Kniee,
Hält mit der Linken sie fest und
drehet den Knopf in der Rechten,
Aber bald hält er im Lauf
die rasselnde Mühl' an,
daß er Marien befehle,
den Hund in den Holzstall zu sperren."

Was als literarische Parodie gedacht ist, kommt bei Voß schlecht an. Folglich lässt er bei den künftigen Ausgaben der Idylle die Widmung für Bodmer weg.

Die episch-dramatische Form ist Vossens stärkere Seite und fördert auch die *inhaltliche* Ausprägung. Nicht erfundene, (lebens-)fremde Sujets, sondern "Stücke einer poetischen Selbstbiographie" (Herbst) bilden den Inhalt der besten Idyllen.

Voß ist ein Dichter, der "vor allem doch das deutsche Hausleben gefeiert hat" (Herbst). Das eigene Familienleben diktiert seinen Tagesrhythmus, Haus und Garten sind seine Welt, und im Hause vor allem die Schreibstube mit der fast beendeten *Odyssee* im Wandschrank.

"Der *Dichter* fand in diesem wechselarmen Stillleben wenig Nahrung", urteilt Wilhelm Herbst, und Voß sucht sie außerhalb seines eng begrenzten Zirkels auch kaum.

4. Keine Freunde in nah und fern

Voß hat am Ort kaum wirkliche Freunde. Ein halbes Jahr nach seiner Ankunft vertraut er seinem Mitherausgeber Goeckingk an: "Bekannte und Gönner habe ich hier mehr, als ich wünsche; aber Freunde nicht einen. Das ewige Visitengeben und nehmen, wenn das nur erst vorbei wäre." Einzig zu dem Rechtsanwalt Heinrich Wilhelm Schmeelke und seiner Frau entwickelt das Rektor-Ehepaar eine dauerhafte, feste Beziehung. Schmeelke, ein Jahr älter als Voß, hatte ebenfalls in Göttingen -Jura - studiert und ist seit 1774 wieder in Otterndorf, wo er sich als Anwalt niederläßt.

1781 wird Schmeelke zum Bürgermeister gewählt. Er sammelt in seiner Freizeit Hadelner Verordnungen und "andere vaterländische Nachrichten", gilt als "einer der vortrefflichsten und kenntnisreichsten Männer Hadelns um 1800" (Eduard Rüther).

Wilhelm Schmeelke ist literarisch interessiert, obwohl er gesteht, von Vossens Sorgen mit dem Homer nicht viel zu verstehen. Er ist ein guter Zuhörer, kann dem neuen Rektor manchen nützlichen Hinweis geben, berät sich mit ihm sowohl über Schulfragen als auch über lokale Angelegenheiten. Er nimmt Voß gegen anfängliche Vorurteile am Ort in Schutz.

Das erweist sich als nötig, als der ehemalige Rektor Johann Christian Meyer in Briefen an Otterndorfer Bürger von Verden aus gegen seinen Nachfolger stichelt: "Schulamt suchte er Voß nur, um sein Auskommen mit Frau und Kindern zu haben - denn er hatte frühzeitig geheyrathet — weil er mit Bücherschreiben und Schöngeisterei nicht genug verdienen konnte, denn schöne Geister leben wahrhaftig nicht vom Thaue wie die singenden Grashüpper. Sonst schickt er sich gar nicht zum Schulwesen, wie der Erfolg zu Otterndorf und Eutin bewiesen hat, wo man erst große Erwartungen hatte und sich bald getäuscht sahe."

Obwohl dies eine spätere Aussage über Voß ist, den Meyer - wie alle *Schöngeister* - für "gemeinlich tückisch, falsch, boshaftig, rachgierig und recht barbarisch grob" hält, vergiften seine Briefe gleichen Inhalts an ehemalige Schüler die Atmosphäre, wozu Voß selbst einiges beiträgt.

So macht er sich den angesehenen Otterndorfer Rechtsanwalt Barthold Christian von Spreckelsen zum Feind, weil er ihm - nach einigen schlechten Erfahrungen - das deftige Epigramm *Der verstockte Advocat* widmet:

"Zehn Jahre hat er advocirt
da war die Rechte lahm geschmirt."'
Drauf schrieb er links, der arme Sünder
und advocirt seitdem nicht minder.
Bald ist nun zwar, wie sich's gebührt,
die linke Hand auch lahmgeschmirt.
Doch hofft nur nicht auf seine Buße:
dann advocirt er mit dem Fuße."

Zu diesem Zeitpunkt weiß Voß nach eigenem Bekunden noch, dass Advokat Spreckelsen wirklich eine gelähmte Rechte hat und die mit der linken Hand geschriebenen Texte nur seine Bediensteten lesen können. Nun hat er selbst unbeteiligte Bürger gegen sich aufgebracht.

In diese Jahre fällt ein Urteil von Mattbias Claudius gegenüber Gottfried Herder: "Er Voß hat ... seine eigene Form, die sich nicht anschmiegt, sondern bleibt, wie sie ist, so daß er bisweilen kalt scheint und gewis nicht so bedachtsam, als er sein sollte, ist; dabei hat er wenig Weltkenntnis, oder gibt nichts darauf, und keine feine Lebensart ... Aber Voss ist auf der andern Seite ein ehrlicher Kerl, der etwas von Edelstein in seinem Charakter hat, der das Seinige treu thut, der ein scharfes Gefühl von Recht hat, und wenn er es gegen sich oder andre beleidigt glaubt, sehr heftig und muthig ist ... "

Selbst der Mitherausgeber des Hamburger *Musen- Almanachs*, Leopold Friedrich Günther Goeckingk, an den Voß zahlreiche Briefe aus Otterndorf richtet, ist in diesem Sinne kein enger Freund, obwohl Voß den Halberstädter Kanzleidirektor bald mit "mein lieber (Freund) Goeckingk" anredet. Die beiden kennen sich nicht persönlich, Voß weiß nicht einmal die Vornamen seines "Freundes".

Bild 8: Heinrich Wilhelm Schmeelke

Alle Versuche Voß', ein Treffen in Otterndorf oder Wandsbek zu arrangieren, schlagen fehl. Den Hauptinhalt der Briefe bilden, von einigen familiären Floskeln abgesehen, die Kalenderausgaben und die Befindlichkeit Voß'. Der "ferne Freund" ist ihm Ersatz für fehlende Kontakte zu Zeitgenossen am Ort. Ihm klagt er sein Leid, das sich mit zunehmendem Aufenthalt in Otterndorf besonders auf die literarische Arbeit verlagert.

Er ist unzufrieden damit, dass ihm die Schularbeit kaum Zeit zum Schreiben lässt: "An Versemachen ist hier noch gar nicht zu denken gewesen", erfährt Goeckingk im Januar 1779, "doch habe ich meine Odüße, die ich bis zum 20. Gesange gebracht habe, hier bis auf einige sehr schwere Verse, die ich noch nicht verstehe, vollendet."

Und im März: "Meine eigene poetische Ader scheint hier ganz im Torfmoor versiegt zu sein." Voß schreibt zwar einige Gedichte, denen - außer in seiner Hauspostille – breitere Anerkennung beim Publikum versagt bleiben.

Im darauffolgenden Herbst resümiert Voß: "Es ist auch gar zu traurig, so im Winkel zu sizen und immer docieren! Der Schwamm. der selbst nach Waßer dürstet, wird so ausgepreßt, daß die Fasern dabei hangen."

Schon mit Blick auf Eutin, schreibt Voß seinem Kollegen noch einmal: "O Freund, wir sind ganz in Unordnung: Wie Schiffbrüchige sizen wir zerstreut und gedankenlos am Ufer, und starren auf die See. Auf, Kamerad, die Kleider sind trocken! Laßt uns wieder zu Menschen gehn, und *leben!*"

Doch auch am neuen Wirkungsort Eutin kommt später kein Besuch zustande. Fast scheint es, als ob der königliche Beamte, der Voß einst nur aus Mitleid die gemeinsame Übernahme des Musen-Almanachs und die Aufgabe eigener Kalender-Pläne zugesagt hatte, einer persönlichen Begegnung bewusst ausweicht. Folgerichtig zerbricht die "Freundschaft" 1788 ebenso wie auch andere kollegiale Bindungen.

In den letzten Otterndorfer Jahren entwickelt sich zwischen dem Rektorenpaar Voß und der Familie Niebuhr in dem kleinen Ort Meldorf in Dithmarschen auf der gegenüberliegenden Elbseite ein freundschaftlicher Verkehr.

Der Globetrotter und Reiseschriftsteller Carsten Niebuhr lebte bis 1778 in Kopenhagen, ehe er mit seiner Familie nach Meldorf übersiedelt, wo er als Justizrat und Landschreiber tätig ist. Niebuhrs Sohn Barthold, der spätere Geschichtsschreiber und Philologe, wird in Eutin und Heidelberg ein wichtiger Briefpartner für Voß, ehe auch diese Beziehung durch Streit belastet wird.

Die unterschiedliche Haltung zur französischen Revolution von 1789 und zum Katholizismus bilden den späteren Anlass. "Vossens Missethat thut mir bitterlich weh", klagt Barthold Niebuhr dann. Doch während der Otterndorfer Jahre ist der 1776 geborene Niebuhr-Sohn noch das allseits beliebte Wunderkind, auf das sich auch die Voß-Söhne bei jedem Besuch freuen.

1781 zieht auch Heinrich Christian Boie, der Bruder Ernestines, nach Meldorf. Er wird dänischer Landvogt für Süderdithmarschen. Das Verhältnis zwischen Voß und Boie, der den sieben Jahre jüngeren Voß einst nach Göttingen geholt hatte, war zeitweilig gespannt, ("Über Vossens Streitigkeiten ärgere ich mich sehr") normalisiert sich aber durch Vermittlung der beiden Frauen Luise Majer und Ernestine Voß.

Im November 1781 schreibt Boie seiner Luise aus Meldorf: "Mit Vossen komme ich wieder auf guten Fuß, ob er gleich noch nicht begreifen kann, dass er Unrecht hat."

Boie, der selbst keine dichterischen Ambitionen besitzt, hatte einst in Göttingen den *Musen-Almanach* und später das *Deutsche Museum* gegründet. Er führt das Magazin auch von Meldorf aus weiter. Und Voß nutzt es als Forum für seine *Verhöre* und für die ausführliche Ankündigung seiner *Odyssee*.

Die Ausflüge nach Meldorf werden für Familie Voß zum beliebten Höhepunkt jedes Otterndorf-Jahres. Oft werden Ernestine und Johann Heinrich Voß dabei von dem Ehepaar Schmeelke begleitet. Carsten Niebuhr ist der Oheim des Otterndorfer Bürgermeisters.

Bild 9: L. F. Goeckingk

5. Viel Feind, viel Ehr?

Im zweiten Jahr seiner Otterndorf-Zeit verliert Voß durch eigenes Verschulden ein gut Teil seiner Reputation als angesehener deutscher Altphilologe. Er hat eine eigene, eigenwillige Orthografie für die Übertragung aus dem Griechischen entwickelt, die von der traditionellen abweicht, zum Teil unverständlich und sinnlos ist. So erscheint ihm das griechische Y so unwichtig, dass er es unterschlägt und Homers Epos unbeirrt Odüßee schreibt, ohne Rücksicht auf die jahrhundertelange traditionelle Schreibart.

Vor allem die Wiedergabe des griechischen (Eta) durch das deutsche ä, das e (Epsilon) aber durch das deutsche e, erschwert - nach Meinung des Göttinger Professors Christian Gottlieb Heyne - das Verständnis unnötig: "Welche Spur haben Sie vor sich, dass wie ein ä, also hell, ausgesprochen worden ist", fragt er und warnt freundschaftlich: Man müsse sonst auch *Jäsus, Amän, Israäl* sprechen oder gar läsen, was doch niemand einfallen würde. "Kühnheit im Flug der Gedanken, in Bildern, in hoher Empfindung verehre ich - aber Sonderbarkeiten in der Wortstellung, Wortbeugung, selbst Rechtschreibung, die zu nichts helfen – oder wohl nur Dunkelheit machen, - bleiben mir ... das, was sie sind."

Alte und neue Kritiker treten auf den Plan, und Voß kanzelt sie in seinen sogenannten *Verhören,* ohne Ansehen der Person, in grober, selbstherrlicher Weise ab. Jeden Hinweis auf seine Rechtschreibung wertet er als infamen Angriff auf seine Person. Er mißtraut selbst Menschen, die nachweislich seine Verbündeten sind und verärgert sie mit ungerechter Kritik. Insbesondere macht er sich seinen allseits verehrten Lehrer, den Göttinger Professor Heyne, zum Gegner, nicht nur, weil dieser Vossens umständliche Orthografie kritisiert, sondern auch - nach Voß' Meinung - zu wenig für die Ankündigung der *Odyssee* tut.

Blind vor Eifer, schreibt er mit Blick auf Heyne: "Ich bin fest entschlossen, künftig jeden, dessen dummes Urtheil mir vorkommt, abzustrafen. Denn nichts als Furcht kann ein so niederträchtiges Gesindel, als die Recensenten sind, in Zaum halten."

Auch Georg Christoph Lichtenberg greift in den Streit

auf Göttinger Seite ein und verspottet Voß mit einer *Untersuchung über die Pronunciation* Aussprache *der Schöpse* Hammel *des alten Griechenlands, verglichen mit der Pronunciation ihrer neueren Brüder an der Elbe, oder über Beb Beb und Bäh Bäh.*

Anfang September 1780 erhält Voß anonym ein Heft des *Göttinger Magazins* zugestellt, in dem eine Bibelstelle zitiert wird: "Wär viel plaudert, macht sich feindselig; und wär sich viel Gewalt anmast, dem wird man gram. Jäsus, Strach XX.8"

Der ungenannte Autor spottet, wenn man Voß glauben solle, dann "hätten die Griechen ihr e wie äh gelesen, und folglich den Namen des schönsten Mädchens im Himmel nicht Hebe, sondern Häbäh geblökt". In seiner 1835 veröffentlichten Voß-Biografie erwähnt der jüngste Voß-Sohn Abraham, dass sein Vater in demselben Artikel ein "kleinstädtischer Schulfuchs, ungelehrter und geschmackloser Pedant, Genieflegel, der Peitsche würdig, ein Niedriger, der die Pflicht gegen Lehrer und Freund verletzt habe, genannt" wird.

Johann Heinrich Voß vermutet nicht Lichtenberg, sondern Heyne als Urheber des beißenden Spotts und gibt diesem die einst zur Finanzierung seines Studiums gespendeten Kollegiengelder zurück. Heyne, sich keiner Schuld bewusst, schickt das Geld zurück und übergibt es schließlich - als Voß es nochmals sendet - einem Göttinger Waisenhaus. Er ist des sinnlosen Streits müde.

Der Spötter Lichtenberg aber hat seine Zielscheibe in Voß gefunden und lässt sich im *Göttinger Magazin* über Vossens Undank aus: "Herr Voß war nach dem Zeugnisse seines Freundes Boie ein Bauernjunge. Auf Herrn Hofrath Heynes Fürwort ward er, der dürftige und hülflose, hier zwei Jahre gefüttert und genoss dabei dessen Unterricht. Und als er Göttingen verliess und sich zu setzen trachtete, versah ihn Herr Hofrath Heyne väterlich mit Zeugnissen, die in allen Hauptstädten von Europa respectirt worden wären, noch bis nach Otterndorf hin."

Es mag vor allem der Vorwurf seiner Armut und Herkunft wie auch die Unterstellung von Provinzialität sein, der Voß erregt. Natürlich vermutet er wieder, dass Lichtenberg nur der "Schildknappe" Heynes, von diesem vorgeschoben und Heyne "der größere Schurke" ist.

Voß, der *Schöps an der Elbe,* nennt Lichtenberg die *Katze an der Leine* und hält ihn für "eine unbesonnene, jachzornige Bestie, die ich mit kaltem Blute aufs Meßer laufen laße". Längst ist aus dem Gelehrten-Streit - hier verkürzt dargestellt - eine Schlammschlacht geworden, in die auf beiden Seiten auch Unbeteiligte geraten.

Voß braucht einige Jahre, ehe er sein Unrecht in der Sache einsieht und in den späteren Ausgaben der *Odyssee* seine verirrte Rechtschreibung stillschweigend korrigiert. Die Rechtschreib-Frage ist, wie sich bald herausstellt, kein Streit um des Kaisers Bart. Es geht längst nicht mehr um η oder ε, (Eta oder Epsilon), sondern um die Grundhaltung zu dem allseits geachteten Heyne, "einen der verehrungswürdigsten Menschen" (Boie), der "auf der vollen Höhe seines Weltruhms" (Herbst) steht. Wer Heyne - zudem noch ungerecht - angreift, hat es sogleich mit seinen Freunden, Schülern und Verehrern zu tun. Obwohl Voß vorgibt, nicht "gegen einen ehemaligen Lehrer die Miene der Rechthaberei anzunehmen", wird ihm gerade das von Heyne vorgeworfen: "Ihnen ist es darum zu thun, nur Recht zu haben, auch in dem Sonderbaren. Ihre Anfragen sind also eigentlich Verlangen und Begehren, allenfalls mit gewaffneter Hand, dass man Ihnen Recht geben soll; und dass man Ihnen noch nebenher laut in die Hände klatsche und trompete."

Deutlicher wird Heyne in einem Brief vom November 1781, der mit den zurückgewiesenen 12 Talern, 20 Groschen in Gold "beschwert" ist: "Ich kenne, schätze, ehre und liebe Sie. Sie können Ihre grossen und schönen Geisteskräfte, Kenntnisse, Einsichten und Talente von aller Art mit dem größten Vortheile geltend machen: sobald Sie Ihre Sitten auf einen andern Ton stimmen wollten."

Auch von anderer Seite kommen freundschaftliche Ermahnungen, so vom Otterndorf-Göttinger Professor Christoph Meiners: "Haben Sie es denn, liebster Freund, auch nach dem Lichtenbergsehen Aufsatze nicht gefühlt, daß man mit Ihrer Art zu schreiben und zu kriegen, nichts gewinnt, dass man sich von allen Seiten Feinde macht und den Genuß seines Lebens verbittert?"

Voß, der meint, für die „Wahrheit" zu streiten, bleibt taub für diese Ratschläge, verhärtet sich in seiner isolierten Position: „Wenn ich nur Dorfschulmeister wäre, so denke ich doch liberal genug, lieber alles aufzuopfern, als meine freie Überzeugung despotischen und erniedrigenden Machtansprüchen, von wem es auch sei, zu unterwerfen." Basta. Der Angegriffene findet unter den Literaten und Gelehrten auch Verteidiger. So empört sich Friedrich Heinrich Jacobi, der Voß nicht persönlich kennt, im Juli 1781 in einem Brief an Georg Forster: "Ich habe den Kalender gelesen und bin aufgefahren vor Unwillen bei der Stelle gegen Voß ... Die griechische Aussprache macht mir wenig Kummer, und den Rektor Voß habe ich in meinem Leben weder gesehen noch gesprochen; aber in seinen Schriften erscheint er mir überall als ein Mann von seltner Gelehrsamkeit, von seltnen Talenten, und von äußerst seltner Würde des Charakters. *Darum,* eben *darum,* muß er nun ausgehöhnt und ausgezischt werden. Der unnütze, halsstarrige Mensch will sich auf das, was er für recht und wahr hält, verlassen. Man muß ihn klein machen, man muß ihn Mores lehren. Er soll fühlen und erfahren, daß alles umsonst, alles vergebens ist; daß er *dukken* und *kriechen* muß."

Voß bekommt nun auch zu spüren, dass er sich mit seinen *Verhören* im *Deutschen Museum* 1779 in den Grundsatz- Streit zwischen dem Homer-Übersetzer Johann Jacob Bodmer und dem Grafen zu Stolberg einmischte. Er hatte sich - nicht nur aus Sympathie für den Freund -für Stolbergs Ilias-Übertragung eingesetzt, obwohl er auch dieser nicht kritiklos gegenübersteht. (Vielleicht hält Voß' Dankbarkeit ihn davon ab, sich öffentlich darüber zu äußern, hatte ihm Stolberg doch seinerzeit die Einnahmen aus seiner *Ilias* Übersetzung überlassen.)

Es geht bei diesem Streit um die generelle Frage, wie – nach welchen Kriterien - die Übertragung der griechischen Klassiker ins Deutsche erfolgen sollte. Muss die Übertragung eine streng lineare, sachliche *Übersetzung* oder kann sie eine freie nachempfindende, poetische *Nachdichtung* sein? Sowohl für die enge Bodmer-Richtung wie für die freie Stolberg-Methode finden sich Anhänger, die bei Fürsprache oder Ablehnung einer Seite weit übers Ziel hinausschießen. Der Göttinger Professor Johann Bernhard Köhler zum Beispiel nutzt die Gelegenheit zu persönlichen Angriffen auf Voß und warnt diesen: "Herr Voß sollte sich in Acht nehmen, daß er nicht in Otterndorf verwildere. Wer ein Genie nach der neuen Art gewesen ist, das

Grobheit für Kraft hält, und wird darauf Rektor in einem kleinen Städt-chen, läuft Gefahr, seine Eigendünkel für Bewußtsyn der Superiorität Überlegenheit zu halten und einen Ton anzunehmen, wie Herr Voß ihn gegen mich annimmt. Er sollte fleißig auf sich wachen ... "

Voß neigt weder zu dem einen noch zu dem anderen Extrem, sondern sucht bei der Übertragung einen eigenen Weg. Mit der *Odyssee* will er ihn beschreiten und seine Kritiker mit dem Ergebnis überzeugen.

6. Die Wiedergeburt des Odysseus

Ende 1780 hat sich Voß zu einer *Brotarbeit* entschlossen, um sich die finanziellen Mittel zur Anschaffung von Büchern und zum Druck der *Odyssee* zu verschaffen. Er will Gallands *Tausendundeine Nacht* aus dem Französischen(!) ins Deutsche übertragen. Eine ungeliebte Arbeit, die Voß geduldig und fleißig erledigt. Zwischen 1781 und 1785 wird das Werk in Bremen in sechs(!) Bänden publiziert.

Die ganze Liebe des Ottendorfer Rektors gilt nach wie vor der Welt des großen Homer. In sie versenkt er sich so tief, dass er gelegentlich seine Umgebung ganz vergisst. Besonders fasziniert ihn - nachdem sein Freund, Graf Friedrich Leopold zu Stolberg, Homers *Ilias* ins Deutsche übertragen hat - die Aufgabe, das zweite Heldenepos des Homer, die *Odyssee,* dem deutschen Publikum in einer adäquaten Übertragung zu präsentieren.

Voß hatte schon in Göttingen und Wandsbek begonnen, sich in die homerische Welt einzuleben. 17 der 24 Gesänge wurden bereits in Wandsbeck rohübersetzt, doch erst in Otterndorf wird diese Beschäftigung zu einer alles beherrschenden Leidenschaft.

Es wird die Andekdote erzählt, daß Voß zu der Zeit, da er die häusliche Situation Odysseus' zu rekonstruieren sucht, eines Tages in das Zimmer Schmeelkes stürmt und mit einem Stück Kreide seine neueste Entdeckung auf den Tisch malt: eine Seitentür im Palast des Odysseus. Sie ist entscheidend für verschiedene Abläufe im Hause Odysseus' und seiner Frau Penelope. "Schon manchen Abend hatte er mir davon gesprochen, daß er die verdammte Thür nicht finden konnte", erzählt Schmeelke 1816. Nun ruft Voß zufrieden aus: "Da ist die verwünschte Thür, die mir soviel Noth gemacht hat." Schmeelke sagt später: "Mich interessierte die alte Thür zwar nicht, aber seinethalher freute ich mich."

Nach dem wöchentlichen Rathauskonzert gratuliert Oberamtmann Lodemann dem Rektor zu der neuentdeckten Tür,- im *Rektorhaus.* Voß ist sprachlos, doch von dieser Art ist das Unverständnis, sind die Missverständnisse, die ihm entgegenschlagen.

Im ersten Otterndorfer Jahr vollendet Voß die Übertragung der Homerschen *Odyssee* ins Deutsche; Anfang 1780 ist auch der umfangreiche Kommentar, den er dem Werk beifügen will, fertig. Voß versucht zunächst, einen namhaften Verleger zu finden und entschließt sich dann, die *Odyssee* im Selbstverlag herauszugeben, wenn sich dafür ausreichend – mindestens 1.000 - feste Interessenten finden. Mit großem Fleiß geht er daran, Subskriptionen (Vorbestellungen) für das Werk in ganz Deutschland zu sammeln, schreibt Aufsätze und Briefe.

Mit einem Anflug von Selbstironie gesteht er einem seiner "Collecteure": "Ich schreibe also an alle Freunde und Bekannte, sie mögen sauer dazu sehen oder nicht, herum und bitte, ermahne, bedrohe und quäle sie, in ihren Gegenden so viele Subscribenten, als nur immer möglich ist, zusammenzupredigen, und ihre Namen gegen Ende des Febr. 1780 (aufs äusserste) und das Geld gegen Michaelis 1780, wenn der Druck zu Ende geht, einzuschicken."

Professor Heyne sieht als eine Ursache für die mangelnde Resonanz bei Freunden und Verlegern die alten Schwächen Voß': "Dass die Subskription zur *Odyssee* nicht nach Wunsch ausgefallen ist, beklage ich. Sie haben nicht immer darauf gedacht, dass Ihnen Freunde nöthig sind. Durch Ihre Beantwortung der *Allg.[emeinen] Bibl.[iotbek]* haben Sie sich viele Feinde gemacht. Der Ton ist nicht liberal. Vom Publico denken Sie ausserdem zuweilen zu verächtlich und lassen Sie es sich allzusehr anmerken. Meinem Bedünken nach hat das Publikum auch da, wo es überhaupt unrecht hat, immer von einer Seite Recht, und diese muß man schonen."

Weise Worte für den nunmehr dreißigjährigen Schüler, die dieser aber nur zum Anlass für neue Vorwürfe gegen Professor Heyne nimmt. Sachkundige Kollegen raten Voß, auf den voluminösen Kommentar zu verzichten, um das Buch nicht unnötig zu verteuern und Laien nicht abzustoßen. So hatte ihm Christoph Martin Wieland bereits 1779 dringend empfohlen, die grammatischen Anmerkungen wegzulassen und für eine eventuelle Original-Ausgabe der Odyssee in griechischer Sprache zurückzubehalten.

Als Voß sich dazu entschließt, verstärkt sich auch das Interesse der eingeschriebenen Käufer. Unklar bleibt, ob ihn eher die Einsicht in die Argumente der Kollegen oder die mangelnde Kaufbereitschaft der Leser überzeugt haben.

Die Geburtswehen sind im Frühsommer 1781 überstanden, das Kind wird geboren und *heißt: Homers Odüssee übersetzt von Johann Heinrich Voss,*

Hamburg, auf Kosten des Verfasser 1781. Voß lässt 2.500 Exemplare drucken, von denen 1.240 Stück für nunmehr 1 Taler, 8 Groschen allein schon durch Subskribenten abgenommen werden.

Die dreijährige fleißige Freizeitarbeit des Otterndorfer Schulrektors hat sich gelohnt. Das Werk wird vom interessierten deutschen Leser angenommen, "dem Ort, von dem es ausgieng, zu unvergänglichen Ruhm", wie Wilhelm Herbst schreibt. "Denn Voss' *Odyssee* und das kleine Otterndorf werden im Gedächtnis der Nation allezeit zusammengedacht werden. "Wenn auch wesentliche Teile der Übertragung – und des Kommentars- bereits in Wandsbek entstanden waren, so leistet Voß die Hauptarbeit zur Herausgabe während seiner ersten Otterndorfer Jahre.

Regionale und lokale Einflüsse auf die Übersetzung lassen sich an verschiedenen Stellen finden, wenngleich sie auch relativ unbedeutend sind: Das Spiel der Gezeiten wird an der Außenelbe studiert. "In die Elbe warf er einst Steine", schreibt Auhagen, "um nach den dabei hervortretenden Erscheinungen die Wirkungen des Steinwurfs des von Osysseus geblendeten Riesen Polyphem zu ermessen".

In den - erst später veröffentlichten - Randglossen zur *Odyssee* erwähnt Voß gar ein Hadeler Gericht: "frischer Käse mit versüsstem Bier". Und schon 1779 hatte Voß seiner Ernestine mitgeteilt: "Der Kapitän Müller hat gestern Odysseus' Floß und Schiffahrt beurtheilt. Seine Bemerkungen kommen mir sehr zu Statten."

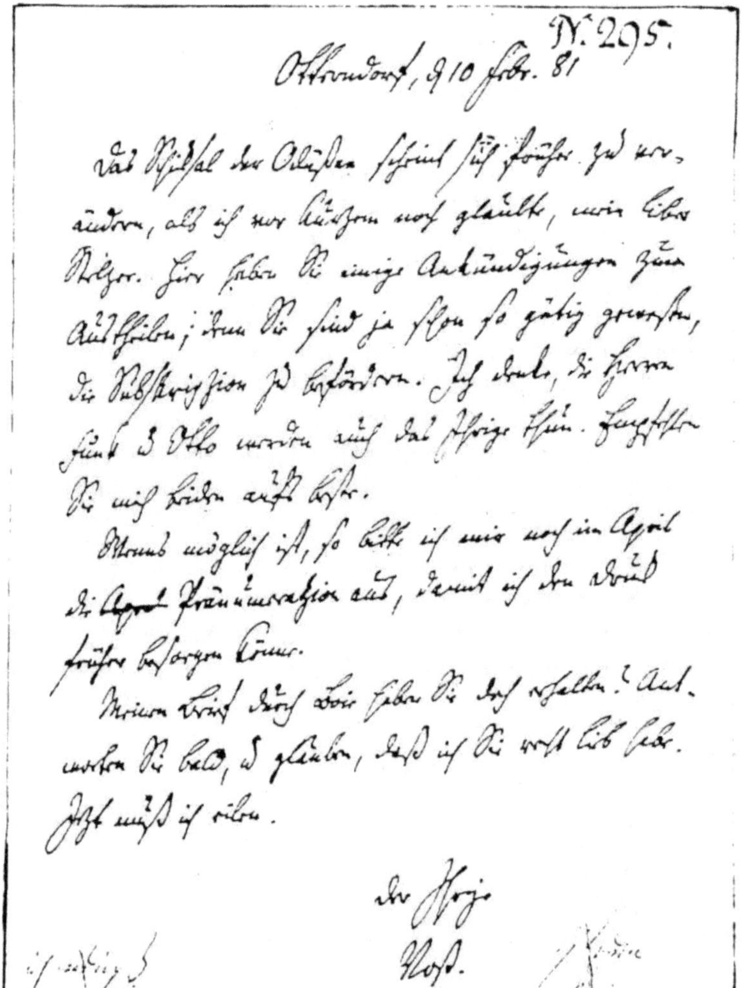

N. 295.

Otterndorf, d. 10 Febr. 81

Das Schicksal der Blinden scheint sich früher zu verändern, als ich nur kürzlich noch glaubte, mein lieber Melzer. Hier haben Sie einige Ankündigungen zum Austheilen; denn Sie sind ja schon so gütig gewesen, die Subskripzion zu befördern. Ich denke, die Herren Hanke u. Otto werden auch das Ihrige thun. Empfehlen Sie mich beiden aufs beste.

Wenns möglich ist, so bitte ich mir noch im April die ~~April~~ Pränumerazion aus, damit ich den Druck früher besorgen könne.

Meinen Brief durch Boie haben Sie doch erhalten? Antworten Sie bald, u. glauben, daß ich Sie recht lieb habe. Jetzt muß ich eilen.

Der Ihrige

Voß.

Bild 10: Voß-Brief

Text:

"Das Schicksal der Odüße scheint sich früher zu verändern, als ich vor Kurtzem noch glaubte, mein lieber Steltzer. Hier haben Sie einige Ankündigungen zum Ausschreiben; denn Sie sind ja schon so gütig geweßen, die Subskription zu befördern. Ich denke, die Herren Funk & Otto werden das Ihrige thun. Empfehlen Sie mich beiden aufs beste.
Wenns möglich ist, so bitte ich mir noch im April die Pränumeration aus, damit ich den Druck früher besorgen kann.
Meinen Brief durch Boie haben Sie doch erhalten? Antworten Sie bald, und glauben, daß ich Sie recht lieb habe.

Jezt muß ich eilen. Der Ihrige. Voß."

Hans-Volker Feldmann, der jetzige Rektor *der Johann-Heinrich-Voß-Schule* in Otterndorf, meint - statt der "verdorrten mediterranen Landschaft" der *Odyssee* - in der deutschen Übertragung "Das Marschland und die Niederelbe um Otterndorf" zu sehen, "denen Voß in seiner sprachschöpferischen Übersetzung ihren Einzug in die *Odyssee* eröffnet" und führt dafür zahlreiche Beispiele durch Vergleich des Originals mit der Voß-Übersetzung an.

So verständlich der Stolz der Otterndorfer auf *ihren* Odysseus-Übersetzer auch ist, in erster Linie hat Voß eine *nationale* Kulturleistung vollbracht. Am Ort fanden sich immerhin 48 Subskribenten, die es sich hoch anrechnen mochten, dass sich im großen Berlin nur 16 feste Interessenten aufspüren ließen.

Das Hornersehe Epos dem deutschen Publikum in eIner genauen u n d poetischen Dichtung zugänglich gemacht zu haben, die bis in die jüngere Zeit d i e Standard-Übertragung der *Odyssee* blieb, ist Vossens eigentliche literarische Leistung in Otterndorf.

Das Lob für die Voßsche Übersetzung ist dementsprechend groß, mal sachlich, mal überschwenglich. Matthias Claudius, der ein erstes Exemplar mit Widmung erhält, findet es "einfach ganz vortrefflich".

Der nüchterne Wilhelm von Humboldt schwärmt: "Eine mächtigere und wohlthätigere Einwirkung auf die Nationalbildung ist in einer schon so kultivierten Zeit kaum denkbar, und sie gehört *ihm allein* an. Denn er hat, was nur durch diese mit dem Talente verbundene Beharrlichkeit des Charakters möglich war, die denselben Gegenstand unermüdet von neuem bearbeitete, die feste ... Form erfunden, in der nun, so lange Deutsch gesprochen wird, allein die Alten deutsch wiedergegeben werden können ..."

Auch Johann Wolfgang von Goethe ("Sein deutscher Homer ist dem griechischen kongenial") und Friedrich Schiller ("Und die Sonne Homers, siehe, sie lächelt auch uns") wissen - nach anfänglicher Skepsis gegenüber dem Unterfangen- nur Gutes vom deutschen Odysseus zu sagen, nachdem sie ihn zu Gesicht bekommen.

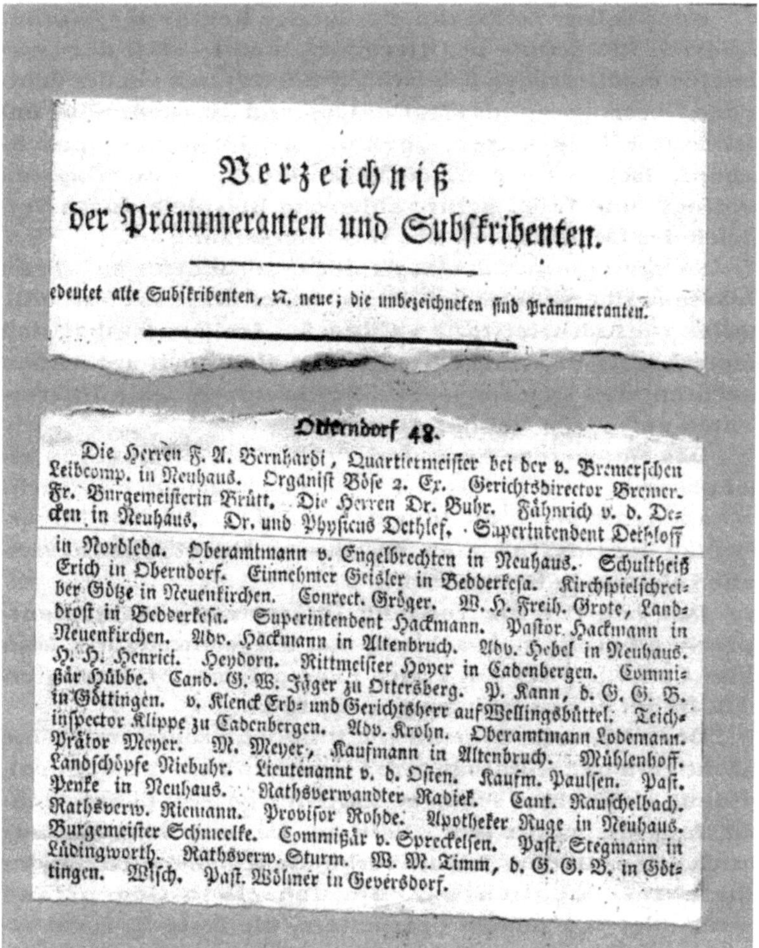

Verzeichniß
der Pränumeranten und Subskribenten.

... edeutet alte Subskribenten, N. neue; die unbezeichneten sind Pränumeranten.

Otterndorf 48.

Die Herren F. A. Bernhardi, Quartiermeister bei der v. Bremerschen Leibcomp. in Neuhaus. Organist Böse 2. Ex. Gerichtsdirector Bremer. Fr. Burgemeisterin Brütt. Die Herren Dr. Buhr. Fähnrich v. d. Decken in Neuhaus. Dr. und Physicus Dethlef. Superintendent Dethloff in Norbleda. Oberamtmann v. Engelbrechten in Neuhaus. Schultheiß Erich in Obendorf. Einnehmer Geisler in Bedderkesa. Kirchspielschreiber Götze in Neuenkirchen. Conrect. Gröger. W. H. Freih. Grote, Landdrost in Bedderkesa. Superintendent Hackmann. Pastor Hackmann in Neuenkirchen. Adv. Hackmann in Altenbruch. Adv. Hebel in Neuhaus. H. H. Henrici. Heydorn. Rittmeister Hoyer in Cadenbergen. Commisär Hübbe. Cand. G. W. Jäger zu Ottersberg. P. Kann, d. G. G. B. in Göttingen. v. Klenck Erb= und Gerichtsherr auf Wellingsbüttel. Teichinspector Klippe zu Cadenbergen. Adv. Krohn. Oberamtmann Lodemann. Prätor Meyer. M. Meyer, Kaufmann in Altenbruch. Mühlenhoff. Landschöpfe Niebuhr. Lieutenant v. d. Osten. Kaufm. Paulsen. Past. Penke in Neuhaus. Rathsverwandter Radiek. Cant. Rauschelbach. Rathsverw. Riemann. Provisor Rohde. Apotheker Ruge in Neuhaus. Burgemeister Schmeelke. Commißär v. Spreckelsen, Past. Stegimann in Lüdingworth. Rathsverw. Sturm. W. M. Timm, d. G. G. B. in Göttingen. Wisch. Past. Wölmer in Geversdorf.

Bild 11: Die Otterndorfer Subskribenten

57

Goethe hat, mit Blick auf das Gesamtwerk von Voß' Homer-Übertragungen, Worte höchsten Lobes gefunden: "Voß reichte die älteren Schriften uns mit geübter Meisterhand dergestalt herüber, daß fremde Sprachen künftig die deutsche Sprache als Vermittlerin zwischen der alten und neuen Zeit höchlich zu schätzen verbunden sind."
Und Schiller würde die Voß-Übersetzung nicht gegen den Homer tauschen: "Es weht ein so herzlicher Geist in dieser Sprache, dieser ganzen Bearbeitung, dass ich den Ausdruck des Übersetzers für kein Original, wäre es auch noch so schön, missen möchte." Klopstock meint, wenn der griechische Homer verlorenginge, könne man ihn aus der Voßschen Übertragung ins Original zurückübersetzen.

Voß hat die eigenschöpferische Aufgabe des *Dichters* vollendet mit der dienenden Rolle des *Übersetzers* in Einklang zu bringen gewußt. Allerdings ist Voß nicht - wie gelegentlich behauptet - der *erste* Übersetzer des Homerschen Epos'. Er hat zahlreiche Vorläufer.

Der Münchener Simon Schaidenreisser hatte 1537 (!) eine deutsche Übersetzung unter dem zeitgemäß umfänglichen Titel herausgegeben: *"Odyssa, das sind die allerzierlichsten und lustigsten vierundzwanzig Bücher des ältesten, kunstreichsten Vaters aller Poeten, Homeri, von der zehnjährigen Irrfahrt des weltweisen griechischen Fürsten Ulyssis, und zuerst durch Meister Simon Schaidenreisser, genannt Minervium, mit Fleiß zu Deutsch transferiert, mit Argumenten und kurzen Scholien erklärt, auch mit Beschreibung des Lebens Homeri gemehrt, nicht unlustig zu lesen. Leser, ehe du urteilst, versäume nicht, die Vorrede zu lesen."*

Im Jahre 1755 hatte Johann Michael Loen *Homers Odyseee, oder Reisegeschichte des Ulysses* herausgebracht. Die Odyssee als modische Reisebeschreibung. Unmittelbar vor Johann Heinrich Voß- 1778- hatte Johann Jacob Bodmer in Zürich eine zweibändige Übersetzung publiziert. Und vor diesem- 1769- gab Christian Tobias Damm *Des Homers Werke, aus dem Griechischen übersetzt und mit Anmerkungen erläutert,* in vier Bänden heraus. Alle Vorgänger hatten auf die Reimform verzichtet und "ihren" Odysseus in Prosa übertragen.

Voß' Ausgabe aber hat eine andere Qualität; sie wurde zu recht weitaus populärer. Sie galt- bis in unser Jahrhundert hinein - als Standard-Ausgabe für Schulen und Bibliotheken, was sowohl auf die Poesie der Übertragung wie auch auf die Exaktheit der Wiedergabe zurückzuführen ist. Voß' Verdienst liegt vor allem darin, erstmals bei einer Odyssee Übersetzung die von dem Griechen verwendeten *Hexameter* übernommen zu haben, - eine Aufgabe, die Gotthold Ephraim Lessing für unmöglich gehalten hatte. Die strenge Einhaltung dieser Hexameter – sechsfüßiger Verse mit einer Zäsur nach dem jeweils dritten Versfuß - erforderte einerseits poetische Phantasie, andererseits bedurfte die Genauigkeit der Übertragung Disziplin im Umgang mit dem Original, Ehrfurcht vor ihrem Urheber Homer. Mehr als 12.000 Verse hat Voß so frei wie nötig, so gut wie möglich in die deutsche Sprache übertragen. Voß hält sich exakt an die Verszahlen Homers, so dass der deutsche Leser den Text mühelos mit der Urform vergleichen kann, - ein nicht zu unterschätzender Vorzug für Schule und Lehre und für die zahlreichen Kenner griechischer Sprache im 18. und 19. Jahrhundert. Natürlich gibt es längst andere und "bessere" Übertragungen des Hornersehen Epos'. Vor allem die heute gebräuchliche, 1954 von Rudolf Alexander Schröder besorgte, trägt dem modernen Sprachgefühl Rechnung und schöpft aus dem erneuten Vergleich mit dem Original einen höheren Grad an Wissenschaftlichkeit.

Aber Voß' literarische und wissenschaftliche Pioniertat lebt ungebrochen fort. Der *deutsche Odysseus* kam in Otterndorf zur Welt. Hier hat Voß ihn - wenn nicht gezeugt, so doch- geboren. Er ist und bleibt sein liebstes, schönstes Kind. Und der emphatische Chronist Georg Wilhelm Auhagen- selbst ein Otterndorfer-ruft schon hundert Jahre später aus: "Du, aber, o Otterndorf, darfst stolz darauf sein, dass du vor hundert Jahren ihm eine Stätte seines unsterblichen Wirkens bereitet hast und jetzt, wie klein auch, diejenige Stadt des grossen deutschen Vaterlandes bist, welche dem bisher wenig Geehrten, vielfach sogar Vergessenen sein Bild aufrichtet und dem Reisenden, der sich zu dir verirrt, auf erzener Tafel in goldenen Buchstaben seinen Namen nennt, einen Namen, der unter den besten strahlt und strahlen wird, so lange noch deutsche Gelehrsamkeit und deutsche Dichtkunst andere Völker zu vergeblichem Wettkampf fordert."

Homers Odüßee

übersezt

von

Johann Heinrich Voß.

Hamburg,

auf Kosten des Verfassers.

1781.

Bild 12: Titelblatt der Erstausgabe der Odyssee-Übersetzung von 1781

7. Marschenfieber und Nebel

Den Frauen und Kindern bekommt das Klima im *nassen Dreieck* des Hadeler Landes nicht. Sie leiden - wie fast alle Fremden- unter dem Nebel und einem tückischen Fieber. Dies ist wohl der Tribut, den die Hadeler Bauern an die Natur zahlen müssen: Das Land, das sie dem Meer und der Außenelbe abringen und eindeichen, bleibt feucht, das Sietland steht oft unter Wasser.

Sechzig Jahre vor dem Eintreffen der Familie Voß hatte das Land Hadeln seine (bis dahin) letzte Sturmflut erlebt, die auch die Otterndorf Altstadt unter Wasser gesetzt hatte. Die an- und ablaufenden Wasser der Elbe erhöhen zusätzlich den Feuchtigkeitsgrad der Luft.

Wegen der geografischen Lage sind die Menschen nicht nur ständig vom Hochwasser bedroht, sie werden auch - wenn es zu reichlich kommt - das Wasser vom Himmel schlecht wieder los, weil es an natürlichen und (noch) an künstlichen Abflüssen zu den großen Strömen fehlt.

Im Volksmund heißt es, Gott habe bei der Schöpfung wohl einen Wasserlauf vergessen, der zwischen Weser und Elbe liegen müsse. Erst ein halbes Jahrhundert später wird der *Hadler Kanal* gestochen, und auch dann ist das Grundübel noch nicht beseitigt.

Vom Fluss und aus den Torfmooren steigen an "drey von vier Tagen" (Voß) Nebel auf. Die träge dahinfließende- eigentlich stehende- Medem und ihre Nebenarme sind Brutstätten für krankheitserregende Mücken, die das gefürchtete Marschenfieber hervorrufen, das in den Symptomen der Malaria ähnelt.

Die moderne Medizin scheint von dieser - heute ausgerotteten - Krankheit offenbar kein klares Bild zu besitzen. So hat ein namhafter Otterndorfer Arzt die Symptome noch 1990 als *Typhus* diagnostiziert, "der durch den Mangel an frischem Trinkwasser verursacht" worden sei, schließt aber "auch *Cholera* nicht ganz aus".

Man nennt die Seuche zu Voß' Zeiten auch das *Quart*anfieber, weil es in der Regel alle vier Tage auftritt, zu Benommenheit, Krämpfen und Herzstillstand führen kann. Das Marschenfieber kommt, geht ebenso unerwartet und kommt am vierten Tag wieder, über Wochen.

Quelle des Übels ist sicher das schlechte Trinkwasser. Es wird aus den Regentonnen unter der Dachrinne gewonnen oder muss, da Quellen und Brunnen in der Stadt fast unbekannt sind, für teures Geld (1 Taler pro Fass) durch den Fuhrmann aus der Geest mühsam herangeschafft werden.

Noch mit selbstironischem Unterton dichtet Voß in seiner 1780 entstandenen Ode *An den Wind:*

"Zur Elbe rauscht, von Eis befreit,
die torfgefärbte Mäme,
und in die lockern Beete streut
der Gärtner sein Gesäme.
Doch dicker fauler Nebelduft
vergiftet uns die Frühlingsluft
und hängt in blanken Perlen
an meines Ufers Erlen.
Vergebens trink ich Bergster Bier
und schmauche Judenknaster.
Die Wettergrillen tötet hier
kein Pulver, Trank, noch Pflaster.
Mit kläglicher Gebärde steht
die Windmühl', weil kein Lüftchen weht,
und, mit Verlaub zu sagen,
die Schweine selbst wehklagen.
Und ach, bei solchem Weg karjolt
kein Fuhrmann aus dem Orte,
der uns ein wenig Wasser holt
für Geld und gute Worte.
Die eine Regentonne lechzt,
die andre stinkt, und alles ächzt:
Wir müssen noch verdursten
in Hadeln und in Wursten.
Jag, edler Wind, den trägen Duft
als Regen in die Tonne
und schaff uns wieder frische Luft
und helle Frühlingssonne,
daß bald Frau Rektorn ihren Mann

mit Tee und Kaffee laben kann
und nicht die Rektorfalten
auf seiner Stirne schalten ... "

Doch bald ist ihm nicht mehr nach Scherzen zumute. In vielen Briefen aus Otterndorf ist fortan das quälende Warten auf Regen und "frisches" Wasser Gegenstand eindringlicher Klagen und trügerischer Hoffnungen.

Am torffarbenen Fluß werden seine Anwohner von Mückenschwärmen und anderen Insekten geplagt, die das Fieber übertragen. Das bescheidene Paradies am Medem-Ufer wird zur Hölle.

Die sanitären Verhältnisse um 1780 sind in Otterndorf -wie in anderen deutschen Kleinstädten- katastrophal. Es fehlt - neben ausreichender Frischwasser-Versorgung aus Brunnen - eine Kanalisation, auf den Straßen türmen sich Viehmist und Abfälle zu Hauf, dazwischen laufen Hausschweine und Geflügel frei.

1731 hatte man immerhin eine Verordnung erlassen, die es untersagte, Tierkadaver einfach in die Flüsse zu werfen. Voß tut einiges, um die Hygiene am Ort zu verbessern. Bereits unmittelbar nach seiner Ankunft, als der Sohn Fritz an Pocken (Blattern) erkrankte, bestand Voß nicht nur auf der in England bereits praktizierten Schutzimpfung seines Sohnes. Er setzte durch, dass - mit Erfolg - auch in den kommenden Jahren alle erkrankten Otterndorfer Kinder mit dem von Jenner entdeckten Gegenserum geimpft werden.

Von 50 kranken Kindern stirbt nur noch eines an der Seuche. Eine Pionierleistung in Deutschland. Vossens Ansehen soll danach deutlich gestiegen sein. Obwohl sein Aufklärungs-Feldzug gegen die freilaufenden Schweine und den Straßendreck zunächst weniger erfolgreich verläuft, macht sich seine Hartnäckigkeit am Ende auch hier bezahlt.

Noch unter der Amtsführung des Bürgermeisters Schmeelke wird eine neue Stadtordnung beschlossen. Sie regelt die Abfuhr der Hausabfälle und verbietet die "freie" Hausviehhaltung auf der Straße.

Aber gegen das Marschenfieber helfen weder Propaganda noch Mittel. Einzig die Einnahme von Chinin verschafft etwas Linderung. Im Herbst 1780 grassiert die Krankheit so stark, dass - wie Voß seinen Freunden berichtet - "die Hälfte der Einwohner an faulen Fiebern nieder liegt". Da bleibt seine eigene Familie noch davon verschont.

Im folgenden Jahr- während der Drucklegung der *Odyssee* - kehrt das Fieber in die Stadt zurück. Voß fürchtet es jetzt besonders, "da ich mitten in der Arbeit bin". Zunächst erkrankt der zweitälteste Sohn Heinrich lebensgefährlich, dann die Mutter und schließlich auch Ernestine. Auch Voß wird von Fiebern geschüttelt, ebenso wie der junge Kostgänger, den Voß aufgenommen hat.

Es wird ein langer, beschwerlicher Winter 1881/82, nach dessen Ende Voß Bilanz zieht: "Ich habe das Fieber 2male wieder bekommen, und bin jezt seit 14 Tagen frei. Meine Frau ist nur einmal zurückgefallen; aber meine Mutter jezt zum 4ten mal. Heinrich (mein zweiter) hat das Fieber 8 Wochen, und jezo schon täglich. Und heute hat sich Fritz auch gelegt. Es ist ein trauriger Winter geworden."

Die Hoffnung auf Besserung im Frühling trügt: Alle erkranken erneut und Voß stößt den Seufzer aus: "Der Himmel gebe heitre Luft und Gesundheit!"

8. Ende einer geistigen Odyssee

Es ist nicht gerade der Himmel, der für Abhilfe sorgt, sondern ein sehr irdischer Bekannter aus Göttinger Tagen. Graf Friedrich Leopold zu Stolberg, bisher Gesandter in Kopenhagen, wird am Hof Herzog Peter Friedrich Ludwigs Oberschenk, - ein eigens für ihn eingerichtetes Hofamt. Er schwärmt in seinen Briefen an Voß von der bewegten, heiteren Landschaft Ostholsteins, von frischer Luft und reinen Quellen, von den Seen und Buchenwäldern um Eutin, wo gerade ein neuer Rektor gesucht wird. "Liebster Voß, wie würde ich frohlocken, Sie nach Eutin hinziehen zu können", schreibt Stolberg Ende Januar 1782, "Sie kämen aus dem Froschpfuhl, und ich hätte meinen Freund! Auch Klopstock wünscht es sehr lebhaft. Schreiben Sie mir, ob Sie Lust haben. Ade, liebster Odüsseus, liebste Pänelope, ade!"

Und eine Woche später lockt Stolberg nochmals: "Man wünscht Sie hierher zu kriegen! O bester Voß, kommen Sie her ins Land schöner Natur! Her zu Ihrem Stolberg!"

Das ist der Punkt, der das Herz des Dichters- und das des Familienvaters - rührt. Finanziell wird er sich am neuen Wirkungsort kaum verbessern, auch wenn Stolberg verspricht, sich bei Hof für höhere Bezüge einzusetzen. Die Aussicht, es wieder mit adligen und kirchlichen Würdenträgern zu tun zu bekommen und die freizügigen Hadeler Verhältnisse aufgeben zu müssen, ist das leidige Haar in der Suppe. Es ist die "Kröte, die man schlucken muss", um das *Froschleben* im Hadeler Sumpfe zu beenden.

Bald wird Voß erfahren müssen, dass auch in der Rosenstadt Eutin die Rosen nicht in den Himmel wachsen. Er hat es in den ersten Monaten und Jahren mit denselben Widersachern zu tun wie nach seiner Ankunft in Otterndorf: unzureichende Wohnverhältnisse, Krankheiten in der Familie, die gar mit dem Todesfall des ältesten Sohnes Fritz enden.

Bild 13: Blick auf die Medem beim Voß-Haus

Statt des Marschenfiebers leidet man nun am *Flussfieber*.

Und auch die "Schulfessel" reibt Voß wieder "von Tag zu Tag den Nacken wund". Vom Hofleben wird sich Voß fernhalten; es behagt ihm nicht. Und auch neuer Anlass zu - noch heftigerem – Streit mit Freunden findet sich, vor allem nach dem Übertritt des Freundes Stolberg zum Katholizismus. Barthold Niebuhr geht sogar so weit, einen direkten Zusammenhang zwischen Voß' "Schmähschrift" gegen Stolberg und dessen Tod im Jahre 1819 herzustellen.

Es sind die *geistigen* Irrwege, die Voß in Otterndorf - und später in Eutin, Jena und Heidelberg- beschreitet, welche sein beschauliches Gelehrten-Leben mit den äußeren Abenteuern seines geliebten Helden Odysseus vergleichbar machen.

Am Ende seiner Amtszeit wissen die Otterndorfer durchaus, wen/was sie mit Voß' Weggang verlieren. Für eine kurze Zeit stand der Ort bei allem, was von ihrem Dichter-Rektor an Erfolgreichem und Kritikwürdigem ausging, im Licht des deutschen Geisteslebens. Selbst die gehässigsten Angreifer vergaßen nicht zu erwähnen, dass ihr Gegner in Otterndorf im Lande Hadeln wirkte.

Es war nicht Sache der Stadtoberen - und schon gar nicht die der Fischer oder Bauern - zu beurteilen, wer in der Sache recht oder unrecht hatte. Allein die vermehrte Erwähnung der Stadt in deutschen Kalendern, Gelehrten-Magazinen und literarischen Schriften mehrte auch den Stolz auf den prominenten Mitbürger.

Voß hat es in Otterndorf nicht leicht gehabt. Die rasch größer werdende Familie forderte seine ganze Aufmerksamkeit und zwang ihn, die finanziellen Bezüge durch Neben- und Brotarbeit aufzubessern.

In diese Zeit fiel auch der Niedergang der Almanache. Immer weniger namhafte Beiträger ließen sich finden; Voß und Goeckingk mussten viel Zeit und Kraft aufwenden, den Literaturkalender mit (eigenen) Texten zu beschicken.

Den Schuldienst selbst hat Voß nie leichtgenommen, sondern sich - praktisch und theoretisch - zu Inhalt und Methoden der Erziehung geäußert. Er vertrat eine moderne, moderate Einwirkung auf die Jugend, trennte sich weitgehend von der damals üblichen Straf- und Prügelmethodik, äußerte auch in mehreren Aufsätzen seine Ansichten zu Erziehungsfragen. Vermutlich noch in Otterndorf entstanden zum Beispiel die *Vorschläge zur Einrichtung der Lehrstunden für die erste Klasse.*

Der Wegzug aus Otterndorf selbst gestaltet sich anders, als es sich alle Beteiligten vorgestellt haben. Am 1. Juli 1782 kommt ein bestellter Fischerkahn pünktlich die Medem herauf und wird am Ufer vertäut. Er nimmt das Hausgerät und die Möbel auf und soll sie und zur Elbe fahren, wo ein größeres Schiff den Transport nach Hamburg übernimmt. Als die Arbeiten beendet sind, verschließt Voß das Haus. Den Abend und die letzte Nacht will die Familie im Hause Bürgermeister Schmeelkes verbringen. Gegen neun Uhr abends wird heftig an Schmeelkes Haustür geklopft. Der Schiffer muss wegen des aufkommenden Windes die Fahrt schon in der Nacht machen. Biograf Wilhelm Herbst schreibt: "So wurde der Schmerz des Abschieds übertäubt von dem Sturm der nöthigen Zurüstungen. Schmeelke und alle Schüler folgten zur Schleuse und halfen einräumen und ordnen. Der treue Organist Böse gab das Geleite bis Hamburg, wo die Caravane andern Tags gegen Abend in dem wirthlichen Hause der Mutter Alberti eintraf."

Dass die Otterndorfer den Umzug bedauert haben, teilt Ernestine Voß den Freunden gleich nach der Ankunft in Eutin mit: "Die Hadeler ließen uns ungern ziehen, tadelten aber nicht, dass wir gingen, und waren uns überall behülflich mit Rath und Tat." Sie bezahlen ihrem scheidenden Rektor sogar den Möbeltransport nach Hamburg.

Drei Wochen bleiben Ernestine und Johann Heinrich Voß mit den Kindern noch in Hamburg, um neuen "Hausrath, neue Prunkkleider" anzuschaffen, "weil es in eine Residenz gieng". Der wichtigste Partner in der Residenzstadt Eutin ist Graf Friedrich Leopold zu Stolberg. Als der Freund vergangener Tage kurz vor Voß' Ankunft in Eutin Agnes von Witzleben heiratet, widmet ihm Voß das Gedicht *Brautfest.* Es ist zugleich eine Abschieds-Ode auf das Hadeler Land:

" ... Nicht mehr schauen wir lang euch,
ländliche Hütten der Freiheit,
durch Gefilde verstreut,
jede von Eschen umgrünt;
nicht der trotzigen Ähren Ertrag,

und der blühenden Rapsaat
gelbe Flur, mit grünschilfichten
Graben gestreift.
Segnend verlassen wir bald dies
aceangrenzende Blachfeld,
welches Fleiß mühsam
brausenden Wogen entrang.
Oftmals fordert die Elb',
in des Herbstnachtsturms Begleitung,
mit hochbrandender Flut
zornig ihr altes Gebiet.
Wild fliehn Mewen ins Land mit Geschrei;
das ermattete Pflugroß
trägt zu des Walls Aufruhr
Säcke mit dämmendem Schutt;
Und von den donnernden Schleusen
geschreckt, drängt bange die Medern,
strudelndes Laufs, in der Geest
mütterlich Moor sich zurück,
Häuser auf ragender Wurte vorbei,
wo der Bauer des Sietlands
heimwärts rudert
zum torfflammenden Heerde den Kahn.
Ach! Bald eilen wir fern
in Eutins fruchtwallendes Seethal,
über Gefild' und Heid'
und den bewimpelten Strom;
daß wir, der sumpfigen
Marsch Ankömmlinge,
staunend die Felder wiedersehn,
wie sie uns hüpfende Kinder erfreut:
Wo uns schattet der Wald,
wo Berggesprudel uns tränket,
wo am Bache den Mai
grüßet ein Nachtigallchor;

und wo die lieblichsten Gäng'
uns Stolberg führet und Agnes."

Die Verbindung zum alten Wirkungsort bleibt in den ersten Eutiner Jahren noch bestehen, und das Bindeglied ist Bürgermeister Schmeelke, der Voß bittet, seine Vorschläge zur Reform des Schulwesens in Otterndorf beizusteuern, für das sich- nach einer großzügigen Schenkung von 24.000 Mark des Otterndorfer Bürgers Carl Friedrich Wittmack- gute materielle Bedingungen bestehen.

Voß ist dazu gern zur Mithilfe bereit, wenn gewisse Voraussetzungen für die Reform gegeben sind. Dazu gehören für ihn als Fundament einer modernen Schule die Beibehaltung der Hadeler Schulfreiheiten und ein humanistisches Programm der Volksbildung: "Es wäre mir ein höchst angenehmes Geschäft, den Plan zu einer Schule, die erst werden sollte, zu entwerfen", schreibt er am 12.Januar 1786 an Schmeelke, "ebenso angenehm, Vorschläge zur Verbesserung einer Schule zu thun, wenn nicht gleich die Erklärung gegeben würde: Aber, Freund, an dem Fundament kann nicht gerührt werden. Die Schraube dürfen wir auch nicht brauchen, sonst möchte das Dach und der verfaulte Giebel einstürzen. Nur etwas bequemrer Einrichtung von innen, und außen ein wenig Farbe. Das Fundament ist: *Brot* für den redlichen Arbeiter, und *Ehre,* die mit der Würde seiner Arbeiten im Verhältnis steht. Dach und Giebel sind die mancherlei Rücksichten, die man auf unabänderliche Übel zu nehmen hat."

Voß stellt seine früheren Ausarbeitungen zur Verfügung. In seinem Brief vom Februar 1786 entschuldigt er sich, seine Absichten "etwas umständlicher vorgetragen" zu haben, um sich keinen Missverständnissen auszusetzen. "Sie, mein lieber Freund, werden sehn" schreibt er Schmeelke, "daß diese Urteile nur Wiederholungen deßen sind, was wir an so manchem vertraulichen Abende, wovon das Andencken meine innigste Sehnsucht weckt, mit einander besprochen haben."

Voß setzt sich für die Erhöhung der Bezüge des Rektors ein: "Es muß ja einen jeden Gutgesinnten einleuchten, daß es unbillig sei, den Schulmann bei dem niedrigen Preise seiner Arbeit fest zu halten, da die Preise aller übrigen Bedürfniße steigen. Ich selbst fand schon in den lezten Jahren

meine Einnahme sehr beträchtlich durch die zunehmende Theuerung ge-
schmälert."

Der - unveröffentlichte - Brief an Schmeelke verdient auch darum besondere Beachtung, weil Voß die Gelegenheit der Otterndorfer Schulreform
nutzt, seine eigenen humanistischen, aufklärerischen Ideen darzulegen.
Zur Frage, ob man die *Sittengesetze* lehren und danach (ver-)urteilen solle,
schreibt er: "Sittengesetze sind nach meiner Einsicht völlig überflüssig.
Was Sittsamkeit ist, weiß der Rektor ohne Vorschrift; und sein Wort hat
nicht mehr Kraft, wenn er als ein geschriebenes Gesez ankündigt, daß man
nicht mit Degen und Stöcken den Studenten spielen, nicht in Wirthshäuser
gehn, nicht würfeln, Kartenspielen, auf den Gaßen schwärmen, gefährli-
che Leibesübungen und Lustbarkeiten unternehmen, nicht einander re-
giren oder schlagen soll u.s.w. Oder will man etwa die Freiheit des Schü-
lers gegen angemaßten Despotismus sichern? Das will man gewis nicht.
Der Schüler kann seinen Lehrer, wenn er ihm etwas ungebührliches be-
fiehlt oder wehrt, oder ihm ungerecht behandelt immer verklagen; und
dann wird nicht nach Schulgesezen, sondern nach der allgemeinen Gerechtigkeit geurtheilet."

Dreimal noch hat Johann Heinrich Voß - von Meldorf auf der anderen Elbseite aus - Otterndorf besucht, reifer und abgeklärter geworden, gerech-
ter gegen seine ehemaligen Mitbürger und deren Eigenarten.

Und auch die Hadeler halten an ihrer erprobten Gastfreundschaft fest:
Im Juni 1786 wird dem Gast frisches Quellwasser zur Begrüßung gereicht
und sein Rat bei der Verbesserung des örtlichen Schulwesens eingeholt.
Im Sommer 1791 ist die ganze Familie nochmals Gast im Hause Schmeelkes. Und 1795 kommt Voß - auf dem Weg nach Cuxhaven- ein letztes Mal
mit seiner Ernestine nach Otterndorf.

9. Der Nachhall

Bald nach dem Weggang Voß' aus Otterndorf, vor allem nach dem hohen
Lob, das Goethe dem Dichter und Homer-Übersetzer zollte, begann auch
unter den "Zurückgebliebenen" eine Verklärung und Verehrung, die sich
vom realen Bezug ablöste und verselbständigte.

Voß selbst hat dabei tüchtig mitgeholfen, wenn er in seinen Briefen aus
Eutin an Schmeelke im Juli 1785 etwa schreibt: "Sie wissen nicht, wie sehr

mein Herz noch immer an Otterndorf hängt, wo ich meine besten Jahre verlebt habe, und an Ihnen, mein bester Freund, der soviel zu meinem Glücke beitrug." Oder - im August 1788, als auch der Sohn Hans todkrank ist : "Unsere gesundesten und frohesten Tage hatten wir bei Euch lieben Hadlern. Warum konntet Ihr uns nicht bessere Luft und eine mäßige Erhöhung der Stelle verschaffen?"

Zum 100. und 150. Jahrestag von Voß' Einzug in Otterndorf 1878 und 1928 erschienen *Gedächtnisschriften,* in denen - mehr oder minder sorgfältig recherchiert - nur noch die Vorzüge des einstigen Rektors, seine Übereinstimmung mit Land und Leuten gewürdigt wurden.

Wenn zunächst noch - zurecht - der Freisinn, die Gastlichkeit, der liberale Geist der Hadeler gewürdigt wurden, die Voß ein günstiges Arbeits-Klima schufen, so verkehrte sich das Verhältnis allmählich und Rektor Voß galt nun als der aktivere Teil: "Die Hadler waren bei ihrem Rektor in die Lehre gegangen und hatten sein unter ihnen erschienenes Werk, das dem Bauern und Seeanwohner so manches Verwandte zeigte, mit wachsender Anteilnahme aufgenommen", schreibt Karl Lohmeyer im 10. Heft der *Hadler Heimatbücher,* erwähnt die 48 Odyssee-Bestellungen und fährt fort: "Auch die in den Musenalmanachen veröffentlichten Gedichte wurden gern und dankbar aufgenommen... So wurde das früher der Poesie abholde Hadler Ländchen allmählich in den Kreis der deutschen Literatur hineingezogen und begann sich auch auf diesem Gebiete als Teil des großen Deutschlands zu fühlen. Das blieb auch so, als Voß nach vier Jahren Otterndorf verlassen hatte, um nach Eutin überzusiedeln."

Mit dieser Wertung, so sehr sie auch gefallen haben mag, schießt Lohmeyer übers Ziel hinaus, an der Wahrheit vorbei. So gewiss es ist, dass die Einheimischen dieses – auch an Talenten - kargen Landes stolz auf ihren zeitweiligen Mitbürger waren (und es noch heute sind), und so berechtigt dieser Stolz auch ist, die Wirkung des berühmten Rektors und der Literatur sollte nicht überschätzt werden ...

Das Bild von den literarisch interessierten, kulturell mobilen Otterndorfern reduziert sich wohl auf einige Höhepunkte wie die zweite Hälfte des 19. Jahrhunderts u n d auf die jüngste Zeit. Und noch immer bleibt viel zu tun. Zur Zeit wird die ehrwürdige Lateinschule am *Himmelreich* mit einem Kostenaufwand von 1,6 Millionen Mark umfassend renoviert. Das Fachwerkgebäude, später um ein Stockwerk erweitert und noch bis 1891 als Schulgebäude, danach als Kirchenbüro und Wohnhaus genutzt, befand sich in einem desolaten Zustand und drohte einzustürzen. Das ehemalige Rektorhaus erhielt nach Voß' Tod die von Auhagen erwähnte Bronzetafel. Es wurde inzwischen von der Stadtverwaltung angekauft, ist zur Zeit aber ein den Voß-Freunden nicht zugängliches Wohnhaus. Allein die Tafel am Haus in der nach ihm benannten Straße weist dem Suchenden Weg und Ziel.

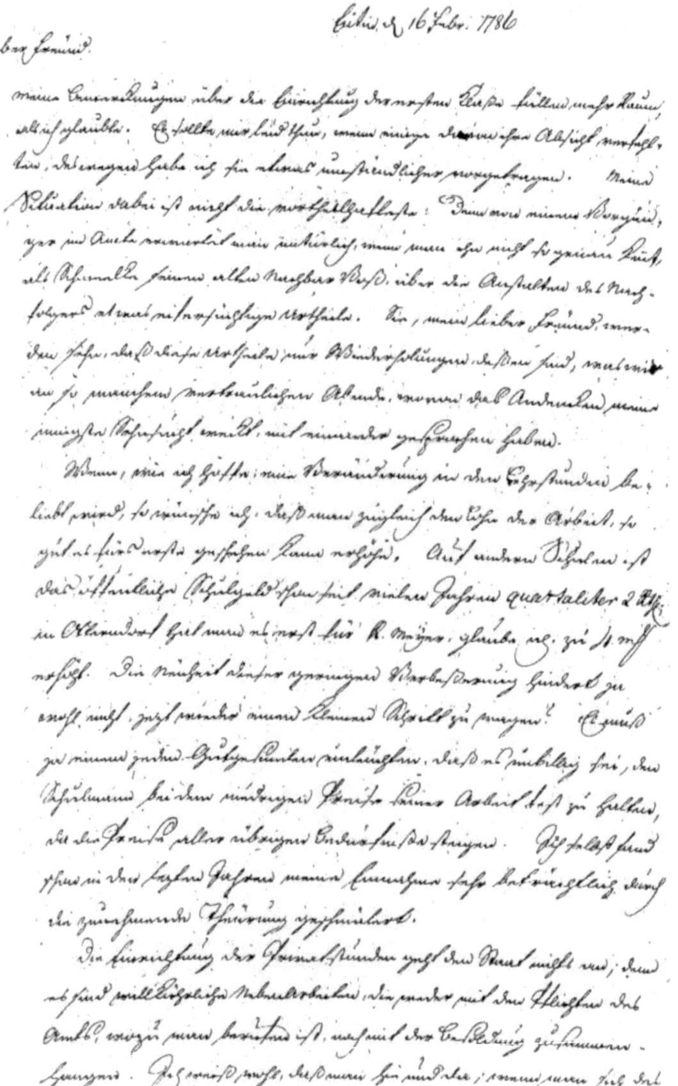

Eilitz, d. 16 Febr: 1786

Lieber Freund!

Bild 14: Brief an Schmeelke (1. Seite)

Die bereits 1878 von dem Heimatforscher Allmers eingerichtete *Voß-Stube* wurde ausgelagert und hat nun im **Kranichhaus** ihren Platz gefunden. Sie erinnert mit liebevoll gesammeltem Inventar an das Wirken des Dichters. Eine Konsole mit der Büste Homers, von Hermann Allmers gestiftet, trägt seine Inschrift: "Voß, nachdichtend den Sang vom edlen Dulder Odysseus, barg den herrlichen Schatz hier ‚~ ..... bescheidenen Schrein."

Dass es sich bei der Einrichtung der Voß-Stube um das „aus seinem einstigen Wohnhaus übernommene Originalmobiliar" (Ingeborg Meyer-Sickendiek) handelt, ist ebenso Bestandteil der Legendenbildung wie die Auskunft, Voß habe bei seinem Weggang das Manuskript der *Odyssee*-Übertragung im Wandschrank "vergessen". Nach Hermann Allmers geriet ein ganzer Wandschrank im Rektorhaus nach dem Auszug der Familie Voß' in Vergessenheit und wurde erst hundert Jahre später "wiederentdeckt". Der Fund inspirierte Allmers zu den Versen:

"Heut singt mit hellem hohen Klang
das lustigste der Lieder:
Es kam ein alter Mauerschrank
zu hohen Ehren wieder."

Die in der Voßstube ausgestellten Gebrauchsgegenstände sind spätere Schenkungen der Familie Voß an die Otterndorfer oder Gaben der Bürger selbst.

Das *Kranichhaus* verfügt heute über einen eindrucksvollen Bestand an Erstausgaben des Dichters und Übersetzers, der gemeinsam mit der Sammlung von Vossiana im *Kreisarchiv* - der größte seiner Art ist. Stadtverwaltung und Samtgemeinde haben ehrgeizige Pläne. Das ehemalige Wohnhaus soll teilweise als Museum eingerichtet werden. *Die Johann-Heinrich-Voß-Gesellschaft e. V.,* deren Zweck die "ideelle und materielle Förderung der Auseinandersetzung mit Leben und Werk" von Voß sowie den "historischen, geistigen und kulturellen Verhältnissen seiner Zeit, insbesondere an seinen Wirkungsorten" ist, wird auch in Otterndorf aktiv. Enge Beziehungen bestehen zur Partnerstadt Penzlin, wo Voß seine Kindheit verbrachte und wo das Literaturzentrum Neubrandenburg 1972 die erste ständige Voß-Ausstellung in der Alten Burg eingerichtet hat. Zwischen beiden *Voß-Schulen* bahnten sich bereits vor 1989 partnerschaftliche Kontakte an, die seither intensiviert wurden.

Nicht zuletzt soll erwähnt werden; dass die kleine Stadt Otterndorf- vermutlich ganz im Sinne Johann Heinrich Voß' -seit zehn Jahren jeweils für die Sommermonate einen *Stadtschreiber* einlädt und ihm neben mietfreiem Wohnrecht im idyllischen Gartenhaus am - noch immer lindenbewachsenen - Süderwall ein kleines Stipendium gewährt.

Und schaut der Stadtschreiber anno 1994 immer noch auf eine torffarbene, übelriechende Medem und hört er auch noch keine Nachtigallen schlagen, so freut er sich an Singdrossel, Rotkehlchen und Laubsängern. An der ehrlichen Gastfreundschaft und dem aufrechten Bürgersinn, die sich die Hadeler unverändert seit Voß-Zeiten bewahrt haben.

Bild 15: Gartenhaus am Süderwall

1778

14. Juni:	Tod des Vaters, Johann Heinrich Voß, in Penzlin
12. Juli:	Geburt des 1. Sohnes, Friedrich Leopold (Fritz)
2. September:	Wahl zum Rektor der Lateinschule Otterndorf
11. September:	Vorstellungsgespräch und Annahme der Wahl
25. Oktober:	Einführung Johann Heinrich Voß' in sein Amt als Rektor der Lateinschule
November:	Antritts-Visiten bei Eltern und Honoratioren
November:	Wiederaufnahme der Übersetzungsarbeit an der *Odyssee* von Homer

1779

März:	Bewerbung nach Gotha
April:	Papierkauf in Holland
Ostern:	Beendigung der Odyssee-Übertragung, Ausschreibung der Subskription
Mai:	Bewerbung nach Quedlinburg
Sommer:	Verlängerung der Subskriptionsfrist (bis Februar 1780)
September:	Ankunft von Voß' Mutter. Tod der Schwester in Neustrelitz
29. Oktober:	Geburt des 2. Sohns, Johann Heinrich

1780

Januar:	Bewerbung nach Riga
Frühling:	*Die Kirschpflückerin*
	Der bezauberte Teufel. Eine orientalische Idille
	Tischlied
	An den Wind
	Die Schnitter. Theokrits 10. Idille
	An Goeckingk

	Das Adonisfest. Aus dem Theokrit
Juni:	Bewerbung nach Hannover
Sommer:	Der siebzigste Geburtstag
	Modenprediger und Predigermoden

1781

März:	Bewerbung nach Wolfenbüttel
April:	*Homers Odüssee, übersetzt von Johann Heinrich Voß, Hamburg, auf Kosten des Verfassers*
29. April:	Geburt des 3. Sohnes, Wilhelm Ferdinand
Mai:	*Mailied*
August:	*Hochzeitslied für Fritz und Heinrich*
	Auf einen bekannten Witzling
	Das Milchmädchen
Oktober:	Leibnizens Grab
	Marschenfieber (bis Frühjahr 1782)

1782

Januar:	Bemühungen Stolbergs bei Graf Holmer, das vakante Rektorat in Eutin für Voß zu erhalten
Februar:	Bewerbung nach Lüneburg
März:	Anfrage der Eutiner Regierung
11. Juni:	Trauung Graf zu Stolbergs mit Agnes von Witzleben in Eutin
	Das Brautfest
Juli:	Abreise aus Otterndorf

Literatur zum Thema

1. Werke und Briefe

- Bäte, Ludwig (Hrg.):
  Vossische Hausidylle.
  Bremen o.J. 222 S.

- Eickhoff, Paul (Hrg.):
  Briefe von Matthias und Rebecca Claudius
  an Johann Heinrich und Ernestine Voß.
  Hamburg 1915. 52 S.

- Hay, Gerhard (Hrg.): Johaoo Heinrich
  Voß: Briefe an Goeckingk 1775-1786.
  München 1976. 206 S.

- Hellinghaus, Otto (Hrg.):
  Briefe F.L.Grafen zu Stolberg und der
  Seinigen an Johann Heinrich Voß.
  Münster i.W. 1891, 197 S.

- Rüther, Eduard:
  Johann Heinrich Voß in Otterndorf nach den Briefen
  an seinen Freund, den Bürgermeister Heinrich W. Schmeelke
  16 Briefe v. Johann Heinrich u. Ernestine Voß
  in: J. H. Voß-Gedächtnisschrift. Otterndorf 1928. 60 S.

- Voss, Abraham (Hrg.): Briefe von Johann
  Heinrich Voß
  Halberstadt 1829-1833, 3 (4) Bde.

- Voss, Abraham (Hrg.):
  Johann Heinrich Voß: Sämmtliche poetische Werke.
  Lpz. 1835. 307 S.

- Voß, Johann Heinrich:

Sämtliche Gedichte.
Königsberg 1802, 6 Bde.

- Voß, Johann Heinrich:
  Werke in einem Band.
  Bln. u. Weimar 1966

- Voß, Johann Heinrich:
  Vorschläge zur Einrichtung der Lehrstunden für die erste Klasse.
  In: Jahns Neues Jahrbuch f. Phil.u.Päd. 1864S.326-332

- Voß, Johann Heinrich:
  Vorschläge zur Einrichtung der Lehrstunden an der Stadtschule
  in Otterndorf.
  Brief an H.W. Schmeelke v. 16.2.1786.
  Sammlung Schmeelke. Kreisarchiv Otterndorf

2. Biografische Arbeiten
- Boie, Karl:
  Johann Heinrich Voß: Seine Vor- und Nachfahren
  Flensburg 1927. S.495-507

- Hahn, Christian Diederich:
  Johann Heinrich Voß - Leben und Werk
  Husum 1977. 84 S.

- Herbst, Wilhelm:
  Johann Heinrich Voß.
  Lpz. 1872-1876, 2 (3) Bde.

- Stoll, Heinrich Alexander:
  Johann Heinrich Voß. Roman seines Lebens.
  Bln.1966. 3 Bde.

3. Schriften und Aufsätze

- Auhagen, G.W.:
Johann Heinrich Voß in Otterndorf
Otterndorf 1878. 50 S.

- Häntzschel, Günter:
Johann Heinrich Voß. Seine Homer-Übersetzung als sprachschöp-
ferische Leistung.
München 1977. 283 S.

- Benning, Ludwig:
Johann Heinrich Voß und seine Idyllen.
Marburg (1925)

- Langenfeld, Klaus:
Johann Heinrich Voß: Mensch - Dichter - Übersetzer.
Eutin 1990. 131 S.

- Lembcke, Rudolf:
Johann Heinrich Voß in Otterndorf
In: Otterndorf- Kleine Stadt am großen Strom.
Hamburg 1978. S.208-213

- Literaturzentrum Neubrandenburg (Hrg.):
Johann Heinrich Voß.
Beiträge zur Geschichte der Stadt Penzlin.
Neubrandenburg 1976. 98 S.

- Lohmeyer, Karl:
Der Dichter Johann Heinrich Voß in Otterndorf und Land Hadeln
1778-1782
Hadler Heimatbücher 10. 15 S.

- Lohmeyer, Karl:
  Quellen zur Geschichte des Lebens und Wirkens von J.H. Voß
  (1751-1826) u. E. Voß (1756-1834)
  Otterndorf 1948. o.P.

- Meyenburg, Erwin:
  Quellenstudium zu Joh.H.Voss' Oden
  Berlin 1915. 107 S.

- Riedel, Volker (Hrg.):
  Beiträge zu Werk und Wirken von J.H.Voß.
  Literaturzentrum Neubrandenburg 1989. 144 S.

- Rüther, Eduard:
  J.H.V. in Otterndorf: Nach Briefen an seinen Freund, den Bürger-
  meister Heinrich W. Schmeelke
  Otterndorf 1928. 60 S.

- Rüther, Eduard:
  Joh. Heinr. Voß und das niedersächsische Volkstum
  Otterndorf 1928. o.P.

- Rüther, Eduard:
  Johann Heinrich Voß-Gedächtnisschrift
  Otterndorf 1928. 60 S.

4. Sonstiges

- Ahlers, Christoph:
  Ein Froschleben im MarschenwinkeL
  Hörspiel Radio Bremen
  fotokop. Ms. 1986

- Allmers, Marschenbuch, Land- und Volksbilder aus den Marschen der Weser und Elbe.

Gotha 1858. 356 S.

- Dettmer, Hermann Uwe (Hrg.):
  Das Otterndorfer Stadtrecht. Rechts- und
  Verfassungsgeschichte einer Landstadt.
  Stade 1973. 371 S.

- Hardekopf, Ludwig:
  Untersuchungen zur Geschichte der alten Lateinschule in Ottero-
  dorf. ..
  Dipl.-Arb., Ms. 1960. 127 S.

- Meyer-Sickendiek
  Odysseus' Irrfahrten in Haduloha.
  In: Frankfurter Allgemeine Zeitung Nr.79 v.2.4.1992

- Rüther, Eduard:
  Hadler Chronik.
  Bremerhavem 1932. 655 S.

- Schmeelke, Heinrich Wilhelm:
  Biographische Nachrichten von den Rektoren, Konrektoren u. Or-
  ganisten in Otterndorf.
  Ms. 1800 Sammlung Oest Kreisarchiv Otterndorf

- Stangenberg, Ernst (Hrg.):
  Sammlung von Verordnungen und Ausschreiben ...
  (Hadelnsche Verordnungen bis 1739)
  Hannover 1823. 503 S.

Ich danke der Universitätsbibliothek Hamburg, der Stadtverwaltung und dem
Kreisarchiv Otterndorf sowie für ihre finanzielle Unterstützung bei Druck und Her-
stellung der Volksbank Cuxhaven. Zahlreiche Otterndorfer Bürger haben bei der
Bereitstellung von Literatur und Archivalien geholfen.
T. C. 1994

Bild-Verzeichnis